BERGWÄRTS UNTERWEGS

BERGWÄRTS UNTERWEGS

Mit Peter Donatsch

Verlag Bündner Monatsblatt

© 1989 by Verlag Bündner Monatsblatt, Chur

Einband und Bildlayout: Rolf Vieli, Chur
Satz aus der 10/12 Punkt Univers leicht
Lithos: Litho Reno AG, Sargans
Druck: Gasser AG, Druck und Verlag, Chur
Bindearbeiten: Buchbinderei Burkhardt AG,
Mönchaltorf/Zürich

ISBN 3 905241 05 6

FÜR URSI

INHALT

Zum Geleit	8
Falknis	10
Schesaplana	20
Rätikon	30
Verstanklahorn	46
Piz Linard	58
Calanda	68
Ringelspitz	78
Tödi	88
Piz Terri	98
Rheinwaldhorn	110
Piz Kesch	122
Pizzo Galleggione	132
Piz Bernina	142
Piz Palü	154
Gemelli	164
Piz Badile	174
Forno	186
Bildregister	195

Zum Geleit

«Während unsere kulturlose Zivilisation heute noch alles auseinanderreisst und isoliert, verschmilzt in der grossen gottatmenden Alpennatur alles einzelne in einen harmonischen Kosmos. Es ist keine billige Harmonie des Oberflächlichen, sondern die bizarrsten Zacken, die schaurigsten Abgründe, das gellendste Sturmgeheul, die alleszerstörenden Lawinenstürze fügen sich restlos mit dem weichsten Sonnenglanz, dem zartesten Nebelschleier, dem zierlichsten Gletscherinsekt, der still leuchtenden Felsenblume zur Einheit.»   Eugen Guido Lammer

«Weisst du, ich gehe gerne in die Berge, aber nur als Wanderer. Natürlich erlebe ich nicht soviel wie du, wenn du extreme Klettereien machst», das sagte mir schon mehr als ein Bekannter. Da möchte ich widersprechen. Die Berge können jedem soviel geben, wie er zu investieren bereit ist. Wer den Zugang zu deren Sprache gefunden hat, der wird Unvergessliches erleben, sei es als gemütlicher Bergwanderer oder in steilen Fels- und Eiswänden. «Wenn Mensch und Berg sich begegnen, ereignen sich Dinge, die sich im Gedränge der Strassen nicht verwirklichen lassen», sagte William Blake, und dem gibt es nichts mehr hinzuzufügen.

«Bergwärts unterwegs» widerspiegelt meine persönliche Ansicht vom Bergsteigen. Das Buch hat einen langen Entstehungsprozess hinter sich. Es ist gewachsen, hat sich mehrmals gewandelt und ist schliesslich in der vorliegenden Form fertig geworden. Doch was heisst schon fertig? Fertig ist man nie, und auch das Ende einer Bergfahrt markiert nur den Beginn der nächsten. So gesehen sind die Texte dieses Buches artikulierte Gedanken und Gefühle, erlebt im speziellen Moment der betreffenden Bergtour. Teile dessen, was sich so während einer Bergfahrt ereignet, was gefühlt und gedacht wird.

Ich bin glücklich, dass Bergsteigen für mich nicht nur aus Felswänden und Nylonseilen besteht, dass ich Bergsteigen heute als eine ganzheitliche Betrachtungsweise erleben kann. Was haben mir die Berge nicht schon alles gegeben! Sie wirkten erziehend, tröstend, freudenspendend, aber auch schon mal enttäuschend, unverständlich, feindlich. Aber immer wieder waren sie äusserer Anlass, nach innen zu schauen. Und stets hatte ich das Gefühl, willkommen zu sein. Das ist meine Motivation.

Extreme, scheinbar konträre Umstände prägen Buch und Bergauffassung: Ohne Dunkel kein Licht, ohne Angst keine Hoffnung, ohne Ungewissheit kein Wissen. Die meisten Bergsteiger suchen die Begegnung mit diesen Widersprüchen; für die Mehrzahl der Menschen ist sowas unverständlich.

Ich habe durch die Berge Freunde gewonnen und auch wieder verloren. Und immer waren die Berge scheinbar stumm, wollten offenbar keine Antwort auf die drängenden Fragen geben, die wir nach geschaffter Wanddurchsteigung frohlockend in den Himmel riefen, oder im Schneesturm angstvoll in die vereiste Windjacke hauchten. Wie willst du am Grab eines verunglückten Kameraden Trost formulieren? Was tun wir jeweils nur wenige Tage nachdem wir einen Freund zur letzten Ruhe geleitet haben? Wir gehen in die Berge, wir können nicht anders. Das ist auch eine Antwort.

Dank sage ich Henrik Rhyn, denn er ist der «geistige Vater» dieses Buches, auch wenn er das bis heute nicht gewusst hat. Er hat ausserdem die grosse Arbeit des Lektorats auf sich genommen und somit den Texten den letzten Schliff gegeben.

Peter Donatsch

Falknis

Wann haben Sie zum letzten Mal Herzklopfen verspürt? Mir geschieht's jedesmal, wenn ich mich darauf freuen kann, in meinen heimatlichen Bergen unterwegs zu sein.

In den sogenannt «jungen Jahren» suchte ich meine Befriedigung auf berühmten Bergen: Im Montblanc-Massiv, im Wilden Kaiser und in den Dolomiten. Die Heimatberge, direkt vor der Haustüre gelegen, habe ich vernachlässigt, ja geringgeschätzt. Zu langweilig, zu wenig spektakulär für meinen ungebrochenen Tatendurst. Grashügel. Keine Action. Aber eben, die prominenten Berge bedeuten überfüllte Hütten, Warteschlangen an den Einstiegen, Steinschlag, losgelöst durch Horden oberhalb Kletternder. Ist es das, was ich dort suchte? Nein, aber das, was ich dort fand.

Ganz anders ist es, wenn ich ohne ehrgeiziges Ziel durch mein Heimatdorf gehe, der Strasse durch den kühlen Wald folge und auf dem Grat hinauf zum Falknisgipfel steige. Da fehlt der Druck «du musst»; er weicht dem Wissen «du darfst». Ist nicht dieses «dürfen» eine der schönsten Eigenheiten des Bergsteigens? «Bergsteigen aus Spass an der Freud'» betitelte der schottische Extremkletterer Hamish McInnes sein Buch.

Weil ich meine heimatlichen Berge so mag, fehlt es mir auch nicht an Superlativen, sie zu beschreiben: Der Falknis zum Beispiel, ist für mich der höchste Berg der Welt. Gut, diese Welt ist begrenzt, sie reicht auch nicht bis zum Himalaya, doch es ist meine Welt, und darin besitzt der Falknis eben einen besonderen Stellenwert. Und immerhin: Zweitausend Höhenmeter trennen das Gipfelkreuz vom Städtchen Maienfeld bei nur sechs Kilometern Distanz — und wo gibt's schon so etwas?

Der Falknis ist aber nicht nur der höchste Berg meiner Welt, sondern natürlich auch der schönste, wildeste, vielfältigste, abwechslungsreichste, markanteste und aussichtsreichste.

Und der Extremste. Nein, nicht bezüglich Besteigungsschwierigkeit, da ist er auf allen Wegen ohne Probleme erreichbar. Extrem ist der Falknis was das angeht, was der aufmerksame Besteiger zwischen den Eisenbahnschwellen bei Maienfeld auf 504 Metern Meereshöhe und den 2562 Metern des Gipfels erleben kann, wenn er nur will!

Zum Beispiel: Weinberge, Oleanderbüsche, Feigenbäume, Rosenhaine, Fürstliche Schlösser, Feuersalamander, Feuerlilien, Buchenwälder, Ritterburgen, Morcheln und Steinpilze, Alphütten, Heidi-Erinnerungen, eine währschafte Alpenclub-Hütte,

schmale und abschüssige Wege, Fixseile, Bergföhren, Bergseen, Bergdohlen, Ewigschneefelder, Murmeltiere so gross wie Hauskarnickel, Steinböcke, ein Bodensee und ein Gipfelmeer; alles je nach Höhenlage und nach der Fähigkeit des persönlichen Wahrnehmens.

Denn eigentlich hat der Mann ja recht gehabt als er sagte, dass die Berge bloss ein Haufen Steine seien. Das heisst, nur bedingt hatte er recht, naturwissenschaftlich gesehen allenfalls. Geistig gesehen stellen die Berge den Rahmen, den äusseren Anlass, die Möglichkeit für uns dar, in uns hineinzublicken. Tief drin in uns selber noch Unbekanntes zu entdecken. Und dem gegenüber «die Welt da unten» etwas zu relativieren. Ein bisschen nur, denn früher oder später heisst es wieder hinabzusteigen. Dann wird uns die Erinnerung freuen.

Wer in den Bergen etwas investiert, der wird gewinnen. Am Falknis zum Beispiel gibt es viel zu gewinnen: Den Blick über den eigenen Horizont hinaus!

«Der extremste Wanderweg Graubündens bietet äusserst sehenswerte Weit- und Nahblicke.» Zitat aus dem Werbeprospekt für die Besteigung des Falknis.

Die Besteigung wird allen zur Nachahmung empfohlen, die schweissnasse Hemden, trockene Kehlen, schlotternde Kniegelenke und vom Krampf stahlharte Waden mögen.

Das Spiel des Nebels ist faszinierend anzuschauen, weil er Spannung erzeugt, indem er mehr verhüllt, als zeigt . . .

Wie man eine Sache beurteilt, kommt nicht selten auf den richtigen Vordergrund an.

Schesaplana

Regen klatscht gegen die Autoscheiben und läuft ölig langsam daran herunter. Feuchter Nebel hat sich in die hintersten Winkel des Stägentobels geschlichen und hängt jetzt zwischen den Tannen, an den Felsen und umhüllt das Auto, in dem wir sitzen und aus dem wir in den Nebel starren, als ob sich die Schwaden so vertreiben lassen könnten. Wir wollen die Schesaplana besteigen. «Die Köpfe meistens in Wolken, die Füsse im Gras oder Geröll, so stelle ich mir die Alpen vor», sage ich ernüchtert und starre durch die angelaufenen Fenster hinaus.

Unsere österreichischen Nachbarn nennen den höchsten Rätikonberg liebevoll «Königin Schesaplana». Die Bedeutung des Namens liest sich allerdings etwas prosaischer: Schesaplana — sassa plana — ebener Stein; diese Bezeichnung trifft exakt zu. Der klotzige, oben abgeflachte und auch heute noch von einem Gletscher bedeckte Aufbau aus Gesteinen der oberostalpinen Silvrettadecke, wie der Geologe sagt, gab dem Berg seinen Namen.

Kosenamen hat man Bergen nicht immer gegeben. Noch vor rund 300 Jahren vermied man es tunlichst, in höhere Regionen aufzusteigen. Jene, die es trotzdem taten, überschlugen sich danach in der Beschreibung von wüsten Lindwürmern und schrecklichen Drachen, die sie gesehen haben wollten. So sagt man, soll ein gewisser Roduner anno 1660 auf einem Berg bei Sargans einen «entsetzlich grossen Drachen» gesehen haben, «der mit sehr rauchen Schuppen bedeckt war, am Bauch dicke Blutadern hatte, dazu einen drei Ellen langen Schweif und oben am Ruggen ganz mit Borsten besetzt war». Kein Wunder, dass sich solche Geschichten lange halten konnten; waren doch auch gelehrte Leute bereit, Drachenschilderungen wissenschaftlich zu untermauern.

Das Wetter zeigt sich heute tatsächlich so, als ob sich nächstens ein rauchender und geschuppter Lindwurm aus dem Dickicht wälzen könnte. Ich drehe mit dem Zeigefinger Kreise auf dem nassen Fensterglas.

Dann mit einem Male wird es rundum heller. Immer durchsichtiger und weisser zeigt sich das bisher undurchdringliche Grau. Wie ein Laserstrahl reflektiert oben an der Schesaplanahütte eine Fensterscheibe den Sonnenstrahl. Da verlassen wir das Auto und steigen auf dem schmalen Bergweg höher. Das nasse Gras dampft, ein Geruch von frischem Kuhmist und feuchtwarmem Dschungelklima hängt in der Luft. Die nicht mehr erwartete Aufhellung beflügelt unsere Schritte; leicht und beschwingt steigen wir den steilen Pfad höher. Dort, wo der Weg mit Hammer und Meissel durch den Steilfels geschlagen worden ist, gurgelt ein kleines Rinnsal. Die Kalkfelsen glänzen fahl im Sonnenlicht. Spinnennetze spiegeln miriadenfach aufgefangene Regentropfen.

Immer höher steigen wir auf dem ausgesetzten Weg und die Tiefe wächst unter uns. Aus der Hütte ist ein Hüttlein geworden. Ueber uns das dramatische Schauspiel vom Kampf zwischen Sonne und Wolken vor der Kulisse eines tiefblauen Herbsthimmels. Ziehen die Nebelschwaden ihren Schleier im Osten zu, scheint die Sonne leuchtend hell im Westen aufs Glegghorn. Entschwindet unter

uns die Hütte hinter einem grauenen Vorhang, knallt über uns der Himmel in fast unnatürlichem Blau.

Die Strassburger-Hütte des Österreichischen Alpenvereins am Rande des Brandner Gletschers ist zugesperrt. Sie hat ihre Augen geschlossen und döst mit rot-weiss gestreiften Fensterläden dem nächsten Sommer entgegen. Die Stimmung hier oben ist besonders – fast feierlich. Alles geschieht optisch, und nur wenn einer von uns mit dem Fuss an eine lose Steinplatte stösst, scheppert's.

Auf dem Gipfel stehen wir inmitten des brodelnden, wirbelnden Chaos. Nur für einige Sekunden ist die Oberfläche des Lünersees sichtbar, dann geht der Vorhang gleich wieder zu. Der Brandner Gletscher auf der anderen Seite trägt braune «Schmutzränder» an seinen Seiten, Spuren des Rückzugs. «Ich wünsche mir einen Sommer, in dem es jeden Tag schneit!» schreit stimmlos das schwindende Schneefeld den Nebelschwaden nach, die sich am Gipfelaufbau entlang in den Himmel hochschwingen.

Und in diesem Moment erinnere ich mich an die Geschichte von Nicolin Sererhard – eine der ersten Gipfelerlebnis-Schilderungen überhaupt: «Auf dem obersten Gipfel sahen wir viele mirabilia, finde diesen Gipfel der höchsten einen zu seyn, den man weit und breit finden kan, sonderlich für den höchsten des sich weit erstrekenden Gebirgs Rhaeticonis; bald alle Gebirge scheinen gegen ihn, wann man auf diesem Gipfel stehet, niedrig und zum Theil auch nur Büchel zu sein. Der prospect an diesem Ort ist etwas admirables. Man siehet rings umher etliche hundert hohe Gebirge mit ihren hervorragenden Gipfeln, welche meistens weis bekappet oder mit weisen Gletscher Fleken versehen. Solcher Gebirgen siehet man von danen vier bis fünf Rayen hinder einandern in einer recht wundersamen concatenation, dz man von weitem meynte, diese concatenation zieche sich bey jedem Reyen recht circul weis rings umher. Man siehet so weit das Aug ertragen mag, nichts als Bergen und Bergen, eine unglaubliche Weite rings umher, ausser bei einer einzigen Oeffnung über den Lindauer See hinaus ins Schwabenland; da präsentiert sich das schönste Ansehen von der Welt: die Städte Lindau, Constanz, die Insel Reichenau, Arbon, Hohen-Ems, scheinen einem ganz nah zu sein, mit dem Perspectiv kann man die Dächer und Gebäu gar wohl distinguieren...»

Nicolin Sererhards Bergerlebnis, beschrieben vor 1742. Als wär's ein Stück von mir.

Auch im Wissen, dass keine Lindwürmer auf den Bergen hausen, ist der Bergsteiger froh, wenn er vor einem Gewitter unter das schützende Hüttendach treten kann.

Wolkentreiben am Lünersee. Mystische Spannung, Versteckspiel mit Licht und Schatten, hell und dunkel.

Trüben Gedanken gleich, steigt das graue Gewölk nach dem Regenguss in die Höhe, verlässt das Gesichtsfeld und löst sich in der Unendlichkeit einer besseren Zeit auf.

Der Rummel ist vorbei, mit geschlossenen Fensterläden döst die Hütte dem nächsten Frühling entgegen, derweil sich am Gipfel die Wolken im Nichts verlieren.

Rätikon

Die Enttäuschung konnte nicht grösser sein: Jahrelang hatten wir uns auf die Route gefreut, hatten alle Berichte darüber verschlungen und kannten den Verlauf der Kletterei nahezu auswendig. Wir hatten uns stark gefühlt, waren in Form. Wir hatten grosse Schwierigkeiten überwunden, hatten uns durch enge Risse und über ausladende Dachüberhänge hochgearbeitet, bis wenige Seillängen unter dem Ausstieg. Zuversicht und Auftrieb schienen unendlich, nichts konnte uns bremsen.

Doch dann das Marignano: Eine kurze brüchige Wandstelle, knapp oberhalb eines schlechten Standplatzes hatte uns wie ein Hammerschlag jeglicher Motivation beraubt. Die Arme waren plötzlich schlaff, die Finger konnten nicht mehr zugreifen. Ich hatte das Gefühl, die beiden Haken an meinem Standplatz würden sich nur schon unter meinem Gewicht langsam biegen, ich sah schon unseren Absturz, den freien Fall der Körper und den Aufprall unten im Geröll... Als Stöff dann unerträglich langsam zu mir zurückstieg war ich froh, dass er mir nicht anbot, die Stelle auch zu versuchen. In stummem Einverständnis richteten wir die erste Abseilstelle ein und glitten an den Seilen in die Tiefe. War das Ziel zu hoch gewesen? Die Schwierigkeiten in den Rissen darunter waren doch viel grösser! Wir konnten es nicht begreifen.

Eine solche «Niederlage» wiegt schwer. Sie legt sich über deinen Frohsinn, wie der Nebel im Spätherbst übers Mittelland. Du suchst nach Erklärungen und findest keine. Eine verdammt kurze Stelle nur hatte uns von der grossen Freude getrennt. Jetzt am Wandfuss waren es bereits wieder vierhundert Meter steiler Kalkfels.

Die Rätikon-Südwände haben mir bisher die schönsten Augenblicke meines Lebens beschert, aber auch manch bittere Niederlage. Und trotzdem, ich kann nicht böse sein auf den Berg. Der Grund ist Freiheit. Die Freiheit, mit der diese Berge über den Alpweiden stehen und die Freiheit, die ich in meinem Innern immer wieder spüre, wenn ich diese Berge sehe. Hinter mir in meinem Zimmer hängt eine Luftaufnahme der Drusenfluh-Südwand, der schönsten Wand der Welt; meiner Wand. Erinnerungen an tausend Begebenheiten werden wach.

Der Geologe erklärt zwar die Gestalt der Rätikonberge nüchtern als «eine durch mehrfache Schuppung der oberostalpinen Sulzfluhdecke bedingte Mächtigkeit», doch für mich ist es mit der wissenschaftlichen Erklärung nicht getan, auch wenn's so gewesen sein mag. Für mich hat da mehr stattgefunden, als ein blosser geologisch-tektonischer Vorgang. Der Rätikon ist eine Welt; meine.

Die Geschichte der Rätikonwände ist reich an Erlebnissen und Anekdoten. Nicht bei allen ist ganz klar, ob sie der Wahrheit entsprechen oder der Phantasie; schön sind sie alleweil. Ernst Burgers Überwindung der berühmten Schlüsselstelle in der Südwandroute am Grossen Drusenturm im Jahr 1933 ist Tatsache. Die Stelle erzeugt auch heute noch ein flaues Gefühl im Magen: Rund vierhundert Meter über den Alpwiesen hängt ein riesiger, eingeklemmter Block in der Wand. Darüber wölbt sich ein bauchiger Überhang, den es zu überwinden gilt – er vermittelt den Ausstieg zum Gipfel; darum der Name «Schlüsselstelle». Burgers Bericht kam mir in den Sinn, als ich zum ersten Mal auf dem berühmten Block stand: «Ich fasste den waagrechten Riss so weit draussen als möglich, besser gesagt: ich steckte die Arme und Fäuste in diesen – und zog mich auf. So arbeitete ich mich – wie eine Fliege an der Zimmerdecke! – unter dem Dach hinaus. Ich hatte nicht viel Zeit, das wusste ich, beeilte mich daher sehr, in die Senkrechte zu kommen. Es gelang mir mit grosser Kraftanstrengung und dank meiner Armkraft. Meinen Freund Franz hörte ich noch hinaufrufen: ‹Du bist ja verrückt, das ist doch kein

Klettern mehr! Das ist ja Akrobatik!› Aber ich hatte keine Zeit noch Atem für Palaver, denn jetzt klemmte ich mich aussen im senkrechten Riss fest, um zu verschnaufen.»

Wer jetzt Burgers Beschreibung als blumige Übertreibung abtut, irrt. Anfangs der achtziger Jahre kletterte Hans Kammerlander Burgers Schlüsselstelle so, wie dieser es getan hatte: Frei und ohne die Hakenreihe, welche Wiederholer nachträglich in den Fels gehämmert hatten. Sein Urteil: Zumindest ein unterer Siebter Grad, vielleicht auch mehr. Und das war 1933, als man noch mit Hanfseilen und ohne Trainerhosen, Klemmkeile und Spezialgummi-Reibungskletterschuhen unterwegs war...

Ein Sonntagnachmittag im September 1980. Am Westgipfel der Drusenfluh reichen sich drei Freunde die Hände. «Gratuliera!», das ist der Bergsteigergruss auf dem Gipfel. Hinter uns liegt die Südwand, die wir auf einer neuen Route erstmals durchklettert haben. Vital denkt an den Schulterriss, Frank an die steile Platte und ich an die Verschneidung, so hat jeder seine Erinnerung. Wir werden sie mitnehmen, ins eintönige Grau der Städte und sie wird uns helfen zu verstehen, wenn es einmal schwer wird im Leben. Das ist die Freiheit der Rätikonberge.

Im Vorland zu den Rätikonfluhen hinterlassen die Spuren der Besiedlung reizvolle Muster; eine Art menschlich-natürliche Grafik.

Für den Kletterer sind Felswände offene Bücher, von deren Seiten er nicht nur Routen, sondern auch Gedanken und Wünsche ablesen kann.

Was wir in den abweisenden Felswänden finden? Alles was du willst, doch kaum ein Bergsteiger wird sein ganzes Inneres nach aussen kehren!

Man wagt fast nicht einzudringen, in die Märchenlandschaft frischgefallenen Neuschnees, aus Angst, die Alphütten aus ihrem Winterschlaf zu wecken.

Nur einen Augenblick lang stehst du im Mittelpunkt der Erde, dann ist der Moment bereits Vergangenheit.

Im frischgefallenen Neuschnee wird jeder Schritt zum ersten Schritt und jeder Alpinist zum Pionier.

Verstanklahorn

Der Verstanklasattel liegt auf halbem Weg zum Verstanklahorn. Er ist die Verbindung zwischen Tal und Gipfel und Trennschneide zwischen Verstanklahorn und Torwache, aber auch zwischen Unterengadin und Prättigau. Der Verstanklasattel, das ist für den Bergsteiger dort, wo aus der Dunkelheit Licht und aus dem Wunsch Wirklichkeit wird.

Jeder Bergsteiger kennt das unbestimmte Gefühl im Bauch, wenn er unter einer abweisenden Wand steht und nach oben blickt. Die Schwierigkeiten der Wand sind es ja schon, mit denen er sich messen will, doch irgendwie wüsste man halt doch auch allzu gerne, was einem in etwa erwartet . . . Da steht man dann so am Fuss der Wand, vergräbt die Hände in den Hosentaschen und sucht nach irgendeinem Vorwand, doch noch einen Moment lang zuwarten zu können. Der Gedanke an die eigene Unzulänglichkeit steigt langsam hoch.

Also los! Der Kamerad setzt sich in Bewegung und du bist froh, dass etwas läuft. Zum Verstanklasattel hinauf führt eine eisgefüllte, unangenehm aussehende Steilrinne. Zugegeben, so steil wie das Supercouloir am Montblanc du Tacul ist sie nicht, und auch nicht so blank wie ein Wasserfall im Winter. Doch ich bin ja auch nicht Reinhold Messner. Mich beeindruckt die Rinne: Rund fünfundvierzig Grad steil bricht sie hier mit einem zehn Meter hohen senkrechten Bergschrund ins flache Gletscherbecken ab. Vereinzelte dreckgefüllte Löcher und lange Furchen in der spärlichen Firnauflage zeigen uns, dass wir schnell klettern müssen: Spuren des Steinschlags.

Ab und zu knallt so ein Brocken links oder rechts in dieser schauerlichen Arena hinab und zersplittert auf einer Plattform zu Kies, um schlussendlich in kleinen Portiönchen auf den Gletscher hinab zu ruckeln. Direkt drollig, wenn die Geschosse nicht ihren Ursprung als Undinger haben würden. Wir sind uns einig: Ruhepausen liegen nur im Schutze grosser Felsblöcke am Rinnenrand drin, über die restlichen Abschnitte werden wir hinaufhetzen müssen. Und gerade diese Zone würden wir andererseits gerne meiden, denn in der Nähe der Felsen ist das Eis meist von minderer Qualität. Bergsteigen aber heisst, Kompromisse machen.

Die Zeit des Überlegens, Abwägens und Beratens ist vorbei. Wir klettern in der Rinne hoch, beide gemeinsam, wenn die Steigeisen sicher greifen und der Pickel beruhigend hält und einer nach dem anderen, wenn das Gelände heikel oder schwierig ist. Kalt ist es; von der Sonne nichts zu spüren in diesem hintersten Gletscherkessel. Die Hosenknie sind nass geworden vom ständigen ans Eis Pressen, um das Gleichgewicht auf den Frontzacken der Steigeisen halten zu können. In den Waden beginnt das bekannte, krampfhafte Ziehen, das nach einer Rast ruft. Der Nacken schmerzt, zu oft schon haben wir den Kopf nach hinten gebeugt, um das Ende der Rinne zu erspähen.

Da, ein kaum erkennbares ebenes Streifchen Eis, eingefasst von senkrechtem Fels, beleuchtet vom ersten Sonnenglitzer dieses Tages: Das ist der Verstanklasattel.

Der Verstanklasattel ist aber auch das Lösen der Anspannung nach dem Aufstieg, der hinter uns liegt. Er ist ein sich Hinsetzen auf einer kleinen, ebenen Fläche und ein Vonsichstrecken der müden Steigeisenfüsse. Der Verstanklasattel ist Vorfreude über die Schwierigkeiten, die wir überwunden haben und Freude über das, was noch vor uns liegt.

Und im Verstanklasattel ist die Aussicht schöner, als auf dem Gipfel. Warum? Weil sich der Blick nicht im unendlichen Gipfelmeer rundum verliert, sondern weil die steilen Felspfeiler auf den Seiten den Blick begrenzen wie ein Bilderrahmen und auf das Wesentliche konzentrieren. Und hier wird der extreme Kontrast deutlich, zwischen der Alpensüdseite und der Alpennordseite, zwischen dem engen Gletschertal von Verstankla und dem weitoffenen Val Lavinuoz, zwischen der düsteren Rinne unseres Aufstiegs und der luftigen Seite gegenüber, mit deren Schwierigkeiten wir uns nicht werden herumschlagen müssen, wird uns der Grat doch darüber geleiten.

Zugegeben, auch der Piz Linard, der den Blick in Richtung Süden an sich zieht, hat eine abweisende, drohende Nordseite. Doch sie schüchtert nicht ein, nein, sie verstärkt noch den Eindruck von Reinheit und Licht, die uns hier beim Betreten des Verstanklasattels entgegenfluten.

Morgendämmerung am Berg; Zwiegespräch mit den Gipfeln und mit mir selbst.

Das sind Tage, an denen die Freude ins Unermessliche wachsen kann.

Wilde Wolken am Morgenhimmel. Der Tag weiss noch nicht so recht, was er will.

Der Sonne entgegensteigen, während das Tal noch im grauen Schatten liegt.

Kletterei am Verstanklahorn-Nordostgrat; bodenständig, ehrlich, aussichtsreich.

Talausgehen und den ganzen Tag noch einmal erleben . . .

Hinter der Alp Sardasca darf der Verstanklabach noch Bach sein.

Piz Linard

Irgendwie hat's der Piz Linard in sich, das Unheimliche, Düstere, Geheimnisvolle. Sogar sonst so seriöse Geschichtsschreiber wie der Bündner Campell, verloren beim Anblick des Berges ein bisschen die Fassung und woben kräftig an der Legende mit: «Der Teil des Berges, der gegen das Gebiet von Lavin zu liegt, wird auf rhätisch Lgymps genannt, das heisst Olymp. Dies ohne Zweifel wegen der unglaublichen Höhe, darin er dem berühmten Berge Griechenlands gleichkommt, der ja auch öfters von den Dichtern im Sinne des Wortes Himmel verwendet wird», schrieb Campell anno 1572.

Was dem Geographen recht ist, ist dem Alpinisten billig. Schier unglaubliches lese ich im SAC-Führer: Da soll doch schon vor Campells Zeit ein sagenhafter Mann namens Chuonard den Piz Linard bestiegen und auf dem Gipfel ein goldenes Kreuz befestigt haben. Es ist schön, wenn Berge nicht nur eine wissenschaftlich-geologische Geschichte, sondern auch eine sagenhaft-menschliche Vergangenheit haben.

Ich lese weiter in dem kleinen Büchlein und finde auch noch die Geschichte vom Pfarrer Jon Klos, genannt Lienhard Zadrell, der, sagt man, jeweils am selben Tag in Lavin und in Klosters Predigt gehalten haben soll; den achtstündigen Weg zwischen den beiden Orten über die hochgelegene Fuorcla Zadrell legte er zu Fuss zurück. Etwas merkwürdig dürfte es dem frommen Mann allerdings vorgekommen sein, als er zu Anfang des 18. Jahrhunderts auf den Gipfel des Linard stieg und dort oben zwar kein goldenes Kreuz aber doch immerhin ein Paar Steigeisen vorfand. Wenn auch das überhaupt stimmt...

Ein Fensterladen klappt zu und ich schrecke auf, horche ins Dunkel. Die Kerze vor mir auf dem Tisch flackert im Luftzug und um die Hütte pfeift der Wind. Linardhütte, 2327 Meter, August 1987.

Ich bin allein, das Dachgebälk knarrt. Mit dem Einnachten kommt Leben ins alte Gemäuer. «Alles geht vom Piz Linard aus», denke ich und versuche, aus dem Fenster starrend, die Silhouette des

Berges zu erkennen, der gross und schwarz über der Hütte thront. Aber ich sehe nichts, es ist stockfinster. Mich fröstelt und ich lege ein Holzscheit im Ofen nach.

Wieder knallt der lose Fensterladen an die Hauswand. Mit dem lauten Geräusch taucht eine weitere Geschichte in meinem Bewusstsein auf. Das letzte Mal, als ich hier übernachtet hatte, erzählte ein Hüttenbesucher, dass vor noch nicht so manchem Jahr ein Mann im Winter in die Linardhütte aufgestiegen sei, wohl um sein Leben hier zu beenden. Doch zuvor regte sich sein Lebenswille noch einmal auf das Heftigste, er verfeuerte alles, was ihm unter die Axt kam, bis auf den letzten Stuhl... Skitouristen fanden ihn im Frühling auf dem Lager in Decken gewickelt; die Hütte glich einem Schlachtfeld.

Unwillkürlich knipse ich die Stirnlampe an und leuchte die kleine Küche aus. Tatsächlich, die gesamte Inneneinrichtung scheint mir ziemlich neu zu sein. Ich schaudere. Um die Hütte pfeift der Wind.

Da schrecke ich urplötzlich auf, das Herz droht mir stillzustehen: Stimmen, ein Gegenstand wird auf das Bänklein vor der Hütte geworfen. Dann wieder Stille, Herzklopfen bis zum Hals hinauf. Wieder klappt der Fensterladen zu, nein, die Haustüre, sehe ich jetzt schon Gespenster oder habe ich vielleicht zuviele Geistergeschichten gelesen? Da öffnet sich langsam die innere Türe zum Hüttenraum. Ein schmaler Lichtstrahl tastet sich durch die Dunkelheit, fällt auf den Fussboden vor dem Tisch an dem ich sitze.

«Puh, und ich dachte schon, wir finden die Hütte nicht mehr», sagt der Bergsteiger, der jetzt die Küche betritt.

Schon von weit her ist uns der vertraute Duft des rauchenden Hüttenkamins in die Nase gestiegen.

Kerzen sind die Beleuchtungsquelle in der Linardhütte. Wie lange wohl noch?

Kleiner Mensch, grosser Berg.

Zwiegespräch mit dem Berg, dazu hat der Linard-Anwärter ausgiebig Gelegenheit.

Berge wechseln ständig ihr Gesicht, verhüllen es mit Wolken, machen sich flach . . .

. . . um dann urplötzlich wie aus dem Boden geschossen vor dir zu stehen.

Calanda

Der Calanda bildet zusammen mit dem Falknis das Eingangstor zu Graubünden. Der Calanda ist auch ein Wegweiser, denn von fast allen höheren Gipfeln Graubündens aus ist seine massige Gestalt mit dem markanten, felsigen Gipfelkopf sichtbar. Was Berge ausserdem so faszinierend macht, ist ihre Verwandlungsfähigkeit. Nicht nur jahreszeitlich, sondern auch in Sachen Gestalt. Der Berg lebt, verändert sich, erhält Gestalt, je nach Standort des Betrachters.

So sind die Bilder in diesem Kapitel entstanden. Ich habe den Calanda bestiegen, habe seinen Fuss umwandert, betrachtete ihn von den umliegenden Bergen aus und näherte mich ihm mit dem Gleitschirm.

Eine fein umrandete, aus dem Dunst des Rheintals aufsteigende und über der gezackten Kante der Klus aufschimmernde Pyramide, das ist der Calanda an einem heissen Hochsommertag aus irgendeiner Rätikon-Südwand. Heute abend werden wir schon wieder dort unten sein, der Bergsonntag wird vorbei sein; es folgt der Arbeitsmontag.

Der gemächliche Spaziergänger wird gerne den Piz Alun besteigen, nur eine halbe Stunde Aufstiegszeit vom idyllischen St. Margrethental entfernt. Dort prägt sich ihm vor allem die Wucht des Falknis ins Gedächtnis. Wer sich davon losreissen kann, entdeckt im Süden eine Linie, die im selben Winkel wie der Vordergrund in den Himmel steigt, von einigen Absätzen unterbrochen, aber kontinuierlich und stetig. Nichts scheint sie aufhalten zu können, wie eine Leiter ins unendliche Blau des Himmels einzutauchen. Am Gipfel oben dann ist der Berg zu Ende, doch die Gedanken sind nun fähig, weiterzusteigen. Der Calanda.

Im Aufstieg zum Ringelspitz versteckt sich der Calanda hinter zahlreichen Gipfeln und Gipfelchen, ein Berg unter vielen ...

... um aus einem anderen Blickwinkel, von unten im Taminatal Himmel und Erde zu beherrschen. Steil, unnahbar, unbesteigbar. Ein Berg prägt ein Tal. Bedrückend, bedrohlich, böse?

Die Bewohner des Rheintals haben es einfacher. Für sie ist der Calanda einfach gross, mächtig, gewaltig. Aber es geht keine Bedrohung mehr von ihm aus; man hat Abstand. Und dann ist es einfacher, die Dinge objektiv zu betrachten.

Viele Churer haben den Calanda sogar liebgewonnen, für sie ist der Calanda zum Hausberg geworden. Kein Wunder, auch für die Stadt wirkt der Berghang sanft und erweitert mehr den Horizont, als dass er ihn einschränkt. Der aufmerksame Beobachter kann am Berggipfel jeweils andere Jahreszeiten ablesen, als sie im Tal herrschen: Der Winter dauert länger, der Schnee ist schöner, im Sommer ist es dort oben heisser, aber Smog gibt's nicht.

Wenn in Vättis der Mond über die kirchturmsteile Nordflanke des Calanda hinauswandert, dann möchte ich den sehen, dem es nicht weich ums Herz wird. Wenigstens ein bisschen.

Viermal derselbe Berg, viermal ein anderer Berg.

Denn Calanda ist kein Berg, vielmehr ein ganzes Gebirge, das aus allen Himmelsrichtungen besehen völlig neue Aus- und Einblicke gewährt.

Ungewöhnlich ist hier die Weite, die von keinen steilen Felswänden begrenzt wird.

Und damit sind wir bei acht verschiedenen Ansichten desselben Berges.

Ringelspitz

Es ist gut für einen Bergsteiger, Träume zu haben. Träume sind Kräfte, die ihn über seinen Horizont blicken lassen.

So ein Traum war der Flug mit dem Gleitschirm vom Ringelspitz. Nein, natürlich nicht direkt vom spitzen Gipfel, aber vom flachen, markanten Gletscher aus, der wenig unterhalb des höchsten St. Galler Gipfels liegt. Stundenlang studierte ich Karte und Führer, mass Entfernungen und rechnete Höhendifferenzen aus. Einige Zettel hatte ich schon vollgeschrieben und dabei herausgefunden, dass ich eine Gleitzahl von 3,2 brauchte, um nicht im Gigerwald-Stausee zu wassern oder im unzugänglichen Tobel darunter auf einem Baum zu landen. Zufrieden konnte ich feststellen, dass ich mit meinem Schirm den Flug hinunter nach Vättis eigentlich locker schaffen müsste.

Von diesem Moment an liess mich die Idee nicht mehr los, sie wurde zum fixen Ziel, für eine gewisse Zeit zum Lebensbestandteil. Ich stellte mir vor, wie ich oben im Gletscherschnee starten, über die Abbrüche hinausfliegen und durch das enge Bergtal schweben würde. Ganz klar und plastisch war alles, in meinen Träumen. Die Alpen reduzierten sich auf den Ringelspitz und meine Welt war der Flug, sogar wenn ich abends durch die Hektik der Strassen schritt. Und wenn mir dann wieder einmal in Gedanken ein Start gelungen war, musste ich lächeln und ich hoffte, dass hinter meinem Alltagsgesicht niemand mein Ringelspitzflug-Gesicht erkennen würde. Die Gedanken und Träume waren mir Zuflucht in schwierigen Momenten, sie gaben mir Auftrieb und Lebensfreude zurück, auch wenn alles schiefzulaufen schien. Es ist gut, als Alltagsmensch Träume zu haben.

Dann kamen die Zweifel. Ich kannte ja den Gletscher nicht! Würde dort der Start überhaupt möglich sein? Ich sah mich schon in einer Gletscherspalte hängen, kopfüber, der Schirm ein zerrissenes Bündel Stoff. Würde der Wind stimmen? Dann tauchte die Horrorvision des ungebremsten Absturzes über den Gletscherabbruch vor mir auf, ein freier Fall und ein Plumps in den See! Ganz schön riskant war jetzt alles, in meinen Träumen.

Am nächsten Tag griff ich erneut zur Karte, checkte wieder alles durch. Es musste doch gehen! Sprechen mochte ich aber mit niemandem darüber, wie wenn ich die Kritik gegenüber meinem Vorhaben fürchtete und das labile Gleichgewicht der im Innern streitenden Gefühle nicht gefährden wollte. Am Samstagabend dann packte ich den Schirm sorgfältig in den Rucksack, ordnete das restliche Material und legte die Flasche mit dem Orangensaft dazu. Es war gut, endlich etwas tun zu können, und nicht bloss Gedanken im Kopf hin– und herdrehen zu müssen. Gedanken, die ja schliesslich doch nur Vermutungen, blosse Spekulationen waren. Die Vorbereitungen lenkten ab, gaben Mut, schafften

Zuversicht. Der vertraute, abgegriffene Schaft des Eispickels versprach einen sicheren Aufstieg und das bunte Tuch des Schirms knisterte leise «du wirst sehen, ein Traum wird erfüllt werden...».

Ich sitze im Gras und betaste das rechte Knie. Es schmerzt etwas, wenn ich es biege und das Hosenbein ist grün verfleckt von der harten Landung im Gras. Ich bin traurig und niedergeschlagen. Am Gipfel oben zerfledderte mein Traum als weisse Wolke. Aus der Traum vom Gipfelflug. Rundum Sonntagsspaziergänger, vollbesetzte Wochenendhäuser und sonntagsblauer Himmel. Abwind am Gletscher hiess mich verzichten; und erlaubte nur einen kleineren Flug von weiter unten, in eine andere Richtung. Eine Welt war zerstört. Wirklich? Oder war es nur eine Traumwelt?

Ich sitze im Gras und blicke hinauf, zu den Graten und Gipfeln und eine imaginäre Flugstrecke zieht sich immer deutlicher darüber hinweg, wie ein feiner Bleistiftstrich auf einem weissen Blatt Papier. Von meinem Startplatz über den Kunkelspass hinab bis nach Rhäzüns. Vom Ringelspitz bis zum Rheinzusammenfluss. Und der Wolkenstaub am Gipfel verdichtet sich wieder zu einer zyklopenhaften Cumulus. So geht das! Ein Traum ist zerstoben und zerstört, und schon lebt ein neuer auf. Es ist gut als Bergsteiger Träume zu haben. Und als Mensch auch. Wo kämen wir sonst hin?

Ein ganz gewöhnlicher Morgen, bedeckt von grauen Regenwolken, schweren Beinen und der Hoffnung auf ein Fleckchen blauen Himmels.

Mondlandschaft im Ringelspitzgebirge.

Urplötzlich geschieht das Unglaubliche: Postkartenhimmel.

Den Aufwinden der raschen Wetterbesserung entsteigt der Mensch als Vogel. Rasch die Flügel angeschnallt . . .

... und hinaus in das Element, das für die Vögel geschaffen ist: die Luft.

Tödi

Blutrot geht die Sonne hinter den Palmen am Strand von Waikiki auf. Die Brandung rauscht. Ich liege am Strand. Kühl läuft mir das Wasser über die Haut. Ich angle das Badetuch und decke mich notdürftig zu, doch schon die nächste Brandungswelle überspült mich wieder mit kaltem Wasser. Mich fröstelt. Energisch packe ich das Tuch, doch ich kann es nicht mehr zu mir herüberziehen und – «Aufstehen, das Wetter ist super!» ruft eine Stimme. Mit einem Schlag bin ich wach und stelle fest, dass ich kein bisschen auf Hawaii bin. Kühle Nachtluft dringt durch das weit offene Fenster in den Schlafraum der Puntegliashütte und Augustin zieht mir die Wolldecke weg.

Ich bin kein Frühaufsteher. Dieses Aufstehen mitten in der Nacht, das Hinunterwürgen eines Stückleins Brot, die nervöse Geschäftigkeit anderer Hüttenbesucher machen mir Mühe. Auch mag ich nicht sprechen, was denn, der Tag hat ja noch nicht einmal begonnen. Alle Fasern des Körpers sehnen sich nach der Bettwärme zurück. Aber, ein Zurück gibt es nicht mehr, das Wetter ist schön, die Verhältnisse ausgezeichnet.

Am Tisch im überfüllten Essraum setzt mir noch immer die schwüle Wärme der Hütte zu. Rundherum herrscht ein Durcheinander, man packt den Rucksack ein und wieder aus und wieder ein und wieder aus, steht einander mit den Bergschuhen auf die Füsse und stösst sich gegenseitig die Thermosflasche vom Tisch. Frühmorgen in der Hütte; wie idyllisch!

Das Anziehen der Skischuhe kostet Ueberwindung, die Zehen müssen zusammengequetscht und die Schnallen mit Gewalt zugedrückt werden. Augustin ist bereit und wartet vor der Hütte; die anderen sind alle schon abmarschiert. Stille breitet sich aus. Jetzt kann ich mich sammeln. Vor der Hütte greift mir der Morgenfrost mit seinen Krallen ins Gesicht. Die Morgennacht ist noch stockfinster. Ich leuchte mit der Stirnlampe auf die Uhr: Halb vier. Unsere Stirnlampen sind die einzigen Lichtquellen, doch verirren können wir uns nicht: Das Tal ist eng und schmal, steil steigen die Seitenflanken vom Talboden hoch, und wir können gar nicht anders, als in der Fallinie höherzusteigen, das Tal leitet uns automatisch. Sich von der Natur leiten lassen, das ist schön.

Knirschend schleifen die fellbeklebten Skis über den hartgefrorenen Schnee. Wir gehen nebeneinander. Jeder spürt die Nähe des Kameraden und die frische Kraft überträgt sich vom einen auf den anderen. So wie ich es hasse, aufzustehen, sosehr mag ich dieses stumme Aufsteigen in der Dunkelheit. Vor allem, wenn es nicht zu steil aufwärtsgeht... Die letzten Stunden vor dem Sonnenaufgang sind in dieser Jahreszeit Gold wert für den Alpinisten: In der Mittagshitze wird im Juni jeder Aufstieg zur Qual; jetzt steigt es sich leicht und locker. Ich liebe es auch, mich ganz den Gedanken zu hinzugeben die kommen und gehen. Früher ver-

suchte ich stets, Konkretes zu überlegen, wollte Probleme angehen und Lösungen finden. Heute lasse ich es einfach denken. Zum Steigen brauche ich jedenfalls den Kopf zurzeit nicht, die Beine finden den Weg alleine. Nur noch ein kleines Quentchen «Ich» sehnt sich nach der Hütte, der grosse Rest drängt nach oben und freut sich auf das, was der Tag noch bringen wird.

Steileres Gelände durchbricht den Rhythmus. Hier müssen wir in die Spur gehen, alles andere wäre unnötiger Kraftverschleiss. Jetzt zahlt es sich aus, dass wir die ersten hundert Höhenmeter gemächlich angegangen sind. Am Rand der Spur überholen wir bereits die ersten Skitouristen, die den Rucksack abgeworfen und den Kopf auf die Skistöcke gestützt haben. Man braucht seinen Atem hier oben!

Fuorcla Punteglias, 2814 Meter. Wir stehen in der Lücke und blicken auf den Gletscher hinab. Die Stirnlampen können wir nun löschen, ein rosaroter Schleier am Horizont verbreitet bereits genügend Helligkeit. Zum Greifen nah gegenüber der Oberalpstock, ganz in pinkfarbenes Licht eingetaucht. Ein Meer von Gipfeln daneben und dahinter, beginnt sich Ton in Ton zum Oberalpstock einzufärben; das Wunder des Sonnenaufgangs in den Bergen. Wenn mich jetzt einer nach dem Sinn des Bergsteigens fragen würde, ich wüsste einige Antworten. Doch auf der Fuorcla Punteglias fragt keiner; da weiss es jeder selbst.

Ein feiner Streif, zartrosa und gezackt, ist das erste Zeichen des neuen Tages im Gebirge.

Es lohnt sich, beim Bergsteigen früh aufzustehen, denn das Gehen in der prallen Sonne ist äusserst mühsam.

Da stehe ich, der Berg. Burg, Denkmal, Ereignis für den, der's versteht.

Und der Mensch gleitet sanft auf der glattpolierten Oberfläche des Berges abwärts; das Vergnügen des Aufstiegs hinter und die Freude der Abfahrt vor sich.

Piz Terri

Ein strahlend blauer Sommerhimmel wölbt sich über dem Bündner Oberland. Die Schneefelder rund um die Berggruppen von Medels und Adula gleissen im Sommerlicht. Hoch über den grünen Wiesenhängen, dort wo der Westgrat des Piz Terri plötzlich schmal und eng wird, kauert ein Jüngling und zittert am ganzen Leib. Doch es ist weder die Anstrengung des viereinhalbstündigen Aufstiegs noch der Tiefblick auf den Gletscher am Wandfuss, welche den Mann Zähne klappern lassen; es ist das, was sich vor ihm abspielt!

Unmittelbar nach der flachen Kuppe, die man in der Tat für den Gipfel des Piz Terri halten könnte, klafft im Grat eine schmale, beidseitig abschüssige Scharte. Und im tiefsten Punkt hängt ein Mensch. Schwarze Nagelschuhe ragen nur knapp unter einer braunen Mönchskutte hervor und suchen kratzend Halt am oberen Ende eines Schneefeldes. Die Hände umklammern fest die scharfe Gratschneide. Der Jüngling kann es kaum fassen, dass der geistliche Mann sein Leben riskiert, bloss weil ihm der Felsklotz da drüben «die Aussicht verkürzt». Schaudernd wendet er sich ab.

Der Kletterer indessen ist nicht lebensmüde. Behende balanciert er auf dem schmalen Schneeband zum anderen Ende der Kluft hinüber, turnt zwischen groben Blöcken hoch und schwingt sich auf den höchsten Punkt des kleinen Felsturms. «Jetzt erst ist die Aussicht vollkommen!» ruft er freudig-triumphierend zu seinem Begleiter hinüber, und recht hat er: Erst jetzt steht Pater Placidus a Spescha auf dem Gipfel des Piz Terri! Man schreibt das Jahr 1801.

Über die genaue Aufstiegsroute des Paters herrscht bis heute Unklarheit. Der bekannte englische Alpinist W. A. Coolidge vermutet den Nord- oder Nordostgrat als Aufstiegsroute, aber Walram Derichsweiler, selbst ein aufmerksamer Naturbeobachter und eifriger Bergsteiger kommt aufgrund einer minutiösen Untersuchung zum Schluss, dass der Pater in etwa die noch heute gebräuchliche Westgratroute begangen hat.

Trotz seiner Parforce-Leistung am Gipfelkopf des Piz Terri war Pater Placidus a Spescha, geboren 1752 in Trun, kein Hasardeur. Er hat zahlreiche Berge der oberen Surselva erstbestiegen und zwar immer nach einem von ihm selbstgeprägten Motto: «Wenn es nicht mehr vorwärts gehen will, so gebe er seine Vorstellungen auf. Denn es ist besser, seiner Einsicht, als dem Unglück nachzugeben.» Eine Bergsteigerweisheit, die sich bis in die heutige Zeit bewährt hat!

Die Berge haben Placidus a Spescha in die Wiege geschaut. Er war ein Bergsteiger und Naturfreund aus tiefster Seele, vielleicht einer der ersten in Graubünden überhaupt. Sein Wissens- und Tatendrang war so gross, dass wir es heute aufgrund der über ihn veröffentlichten Berichte nur vermuten können. Als Alpinist steht er zu seiner Zeit einzig da: Neben dem Piz Terri verzeichnet ihn die Chronik auch beim Rheinwaldhorn, Oberalpstock, Piz Badus, Piz Urlaun und vielen anderen als Erstbesteiger.

Zeitenwechsel. Szenenwechsel. Die Greinaebene liegt dem Piz Terri zu Füssen, und der Bergsteiger, der auf den Piz Terri will, muss über die Hochebene gehen. Ich sitze am Pass Diesrut und staune in den kleinen Tümpel, in dem sich das Wollgras spiegelt. Wollgras auf 2200 Metern über Meer! Warum steige ich auf Berge? Vielleicht weil ich ein Wachstum meines Horizontes und meines Herzens erlebe – gleich wie hier, beim Blick über diese unvergleichliche, unberührte, unwirtliche und unsagbar stille Hochebene. Manche sagen «öde Steinwüste, in die ein blauer See ganz gut gepasst hätte». Ja, die Greina ist öde. Aber sie täuscht nichts vor, sie beschönigt auch nichts, und sie hat kein Make up nötig; die Greina ist ehrlich. Wer sich einmal ansehen möchte, wie unsere Erde sehr viel früher ausgesehen haben könnte, der sollte die Greina besuchen.

Kindheitserinnerungen werden wach. Erinnerungen ans Jugendlager in Pitasch, an dufterfüllte, bienensummende Bergwiesen-Wanderungen, an Blasen an den Füssen, an Stolpern zwischen den Kieseln in ausgewaschenen Bachläufen, an die Greina. Schon damals hatte uns der Lagerleiter die Greina gezeigt, die Faszination geweckt. Endlos kam den kurzen Beinen der Aufstieg von Tenigerbad durch die dunkle Schlucht hinauf ins helle Licht der Greina vor. Dankbar setzten sich diese Beine jeweils ins Gras, wenn der Leiter sich anschickte, die Entstehung des Hängegletschers hoch oben am Piz Vial zu erklären und mit einem Seufzer spannten sich die müden Glieder jeweils wieder, wenn die Erzählung unten bei den Wasserfällen endete.

Kinder sind launische Bergsteiger. Sind die Beine schwer und müde, sieht der Blick die Sonne nicht mehr. Doch dann beim Marschhalt: Plötzlich strömt wieder Kraft hinein und federleicht erscheint der Rucksack. Die Schar zerstreut sich und ein jeder rennt auf jenes Plätzchen zu, das für ihn am schönsten aussieht. Ein ausgesuchter Ort; der Erwachsene hat bewiesen, dass er die Natur versteht. In Sichtweite die Alpenclub-Hütte, tief unter den Füssen das nachtkalte schattige Tal, während hier oben die Sonne höher und höher über die Grate steigt; mögen sie noch so steil sein. Speise und Trank machen Freude, auch wenn der Tee fad ist und die Cervelat nach Sonnencrème schmeckt. Greina. Viel zu früh sind die Feldflaschen in den kleinen Rucksäcken leer. Dagegen hilft ein kühles Fussbad im reissenden Bergbach – wenigstens teilweise.

Ist das ein Moment, das feuchtkalte Tal hinter sich zu lassen, rund um sich nur noch Sonne, sonnendurchflutete Täler und sonnenüberströmte Berghänge!

Auf der Greinaebene hat sich der Fluss seinen Weg gesucht. Geht es irgendwo nicht mehr weiter, macht er einen Umweg, doch an sein Ziel kommt er bestimmt.

Gleich wie dem Wasser geht es auch dem Menschen: kein Gipfel ohne Aufstieg, kein Wegziel ohne Umweg. Der Weg ist das Ziel – wie im Leben so auf den Bergen.

Irgendwo kommt dann alles einmal zusammen: Wunsch, Werdegang und vorherbestimmtes Ziel.

«Kleider machen Leute» gilt auch für Berge. Wenn sich der Piz Terri einen feinen weissen Mantel umgelegt hat, täuscht er allerdings den Alpinisten...

... denn schneefrei ist er bedeutend leichter zu besteigen, auch wenn er einen bedrohlicheren Eindruck macht.

Rheinwaldhorn

Loslösen. Ein Augustmorgen, strahlendes Wetter, noch im Büro. Am Nachmittag fahren wir in die Berge und so sind die Morgenstunden endlos lang und wollen nicht enden. Die Sonnenstrahlen quetschen sich durch die Zwischenräume der heruntergekurbelten Rolladen und werfen ihr Muster dahinter auf den Boden. Das Grün des Bildschirms verschwimmt vor den Augen und die Buchstaben tanzen. Innerlich habe ich den PC abgeschaltet.

George holt mich ab. George ist Hotelier und trägt die ganze Woche pikfeine Kleider, Krawatte, Hose und Veston, alles perfekt assortiert. Da schreitet er auf leisen Sohlen durch die Hallen und spricht fliessend fünf Sprachen. In höflichster Art und Weise widmet er sich den Gästen, nimmt Lob freundlich lächelnd entgegen und verspricht sofortige Besserung auf Tadel. Doch noch fast lieber trägt George Jeans und steigt auf Berge. Bis Ilanz sprechen wir noch von Geschäft und Arbeit, aber dann auf der Fahrt durchs enge Tal dem Valserrhein entlang, nimmt uns die Bergwelt gefangen.

Zwei Stunden später, eine Unendlichkeit weit entfernt vom Alltag schon, lassen wir den azurblauen Wasserspiegel des Zervreila-Stausees hinter uns und treten in die urtümliche Steinwelt des Läntatals ein. Ich erzähle George die Geschichte vom Zervreila-Blau und vom Stausee Lampertschalp, dessen Mauer hier am Taleingang zu stehen hätte kommen sollen, wenn es nach dem Willen einer Kraftwerkgesellschaft gegangen wäre, und dessen Seespiegel bis zu vierzig, fünfzig Meter unter die Läntahütte gestiegen wäre. Eine SAC-Hütte mit Seeanstoss. Hätte, wäre, würde: Die Einwohner von Vals haben im Frühling 1989 das Konzessionsgesuch für einen Stausee Lampertschalp abgelehnt. Alles wird so bleiben wie es ist.

Der schmale Steig windet sich im unberührten Tal über Moränenhügel auf und ab, schlängelt sich um erratische Blöcke, springt über Bachläufe und versteckt sich abschnittweise fast ganz unter den Blacktenstauden; er ist immer nur wenige Meter voraussehbar, jede Windung hält eine Ueberraschung bereit. Der Weg verdrängt die Zukunftsängste für einige Momente, er verlangt unsere volle Aufmerksamkeit. Ein Abbild des Wegleins ist der Bach. Auch er mäandriert im Kiesbett des Talgrunds hin und her, untergräbt hier einen Steinhügel und schafft dort eine kleine Insel. «Jetzt musst du aber deinen Fotoapparat zücken», reisst mich die Stimme des Kameraden aus den Gedanken. Ich schaue nach vorn.

Da haben sich die Wolken bis auf einen kleinen Rest verzogen und den Blick freigegeben auf ein makellos weisses, grazil in den

Himmel reckendes Spitzchen, von dem die ganze Erklärung für unser scheinbar so überflüssiges und sinnloses Tun ausgeht; das Rheinwaldhorn.

Am anderen Tag, schon vor dem Mittag, sind wir wieder auf dem Rückweg. Im Blockgewirr am Gletschertor suchen wir uns den Weg hinaus ans Ende des Tales, wo ein heller Sonnenfleck den Bachlauf silbern schimmern lässt. Bei uns schüttet es wie aus Kübeln. Ueber Georges Wangen läuft ein helles Rinnsal; ist es Regenwasser oder Schweiss der Anstrengung? Die Wolken hängen am Rheinwaldhorn und rutschen über den Gletscher hinab bis zu uns. Zyklopenhaftes Chaos am Fuss des Gletschers, Blöcke, labil auf schmalen Eisgrätchen balancierend, jederzeit absturzbereit. Bergauf und bergab klettern wir über Steine, rutschen auf dem Gletschereis aus, das sich unter einer feinen Staubschicht versteckt hat. Längst schon sind wir völlig durchnässt. Losgelöste Steine kollern übers Eis und pflatschen spritzend ins milchigweisse Gletscherwasser. Unter den Steigeisen quietscht der Sand und jagt uns Hühnerhaut über den Rücken. Das Rheinwaldhorn aber knurrt und brummt, es hat heute keine Lust auf uns.

«In den Bergen ist der direkteste Weg nicht immer der beste», doziere ich fachmännisch, und ziehe den Umweg durchs Geröll dem Abstieg über die Gletscherzunge vor – mit dem Resultat allerdings, dass wir nachher nicht mehr über den Bachlauf kommen. Der Regen hat das Wasser hoch anschwellen lassen. Den Steig haben wir längst aus den Augen verloren. George versucht sein Glück an einer breiten Stelle, wo einige Blöcke im Bachbett eine Art Brückenpfeiler bilden. Ich folge weiter dem Bach talauswärts, immer auf eine schmalere Stelle hoffend, doch das Gewässer wird zunehmend breiter. Zuflüsse strömen ihm zu. Dann die Ueberquerung – nasse Schuhe sind das Resultat. Manchmal ist der direkteste Weg auch der beste.

In den Schuhen sumpft das Wasser und quillt mit jedem Schritt aus den nassen Socken zwischen den aufgeweichten Zehen hindurch. Wir «schwimmen» auf dem Weglein abwärts und rennen fast der Sonne entgegen, die im untersten Teil der Lampertschalp – welch ein Hohn – den ganzen Vormittag geschienen hat. Und hier endet unsere persönliche Länta-Geschichte. Länta, ein ganz gewöhnliches Bergtal.

Die Bürger von Vals haben dieses Tal gerettet: Sie sagten Nein zu einem Stausee.

Im Spaltengewirr des Läntagletschers können sich die Gedanken verlieren.

Das Teleobjektiv offenbart den Blick auf das weisse Spitzchen.

Im Valsertal machen sich Berge und Wolken gegenseitig Konkurrenz im «sich gen Himmel strecken» . . .

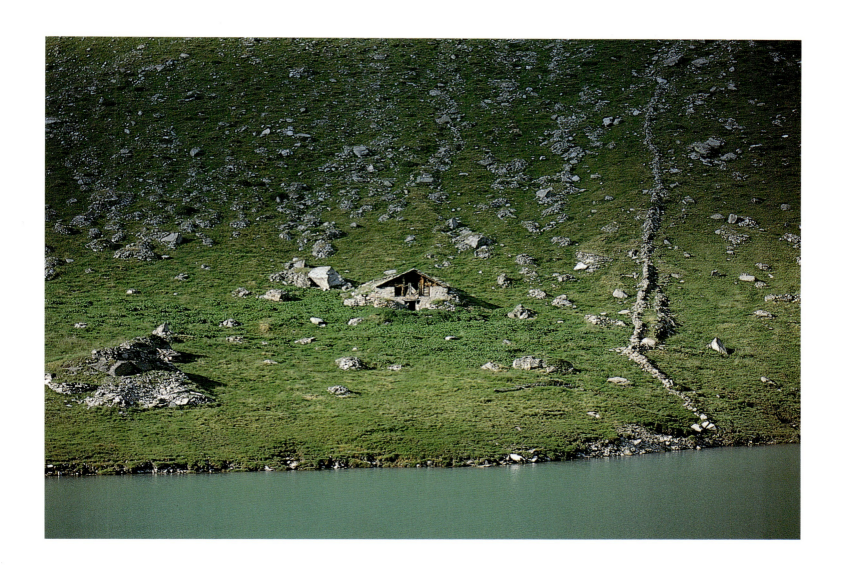

Wildnis und Kultur, Lieblichkeit und rauhe Gebirgslandschaft; Menschenwerk wird hier wieder eins mit der Natur.

Der Weg nach innen führt nach oben. Am Gipfel des Rheinwaldhorns.

Piz Kesch

Der Piz Kesch war mein erster «richtiger» Berg. In einem Tag habe ich ihn bestiegen, vom Tal aus; nur mit einer Flasche Tee und zwei Bananen im Rucksack. Ich war damals siebenjährig, und es war ein langer Tag für die kurzen Beine eines Siebenjährigen. Der Weg durch das Val Tuors schien endlos und die Kehle war staubtrocken; die Luft flirrte vor Hitze. Den Sinn des langen, schweisstreibenden Aufstiegs hat der Kopf lange nicht begriffen, denn schon während des Aufstiegs und erst recht am Gipfel waren Körper und Geist zu müde, um sich an der Aussicht freuen zu können.

Die Freude kam irgendwie erst hinterher, zuhause, einige Tage später. Und seitdem brennt die Bergleidenschaft in mir. Und ich denke oft an diese Bergtour, wenn die Frage nach dem Sinn des ganzen hin und wieder aufkommt. Was war das für eine Kraft, die den Siebenjährigen auf den über 3400 Meter hohen Gipfel steigen liess? Es ist eine Kraft, die sogar noch mehr vermag; die dich über deinen eigenen Horizont hinausheben kann. Vieles was Bergsteiger tun, tun sie nicht mit dem Kopf. Das ist es, was für Nicht-Bergsteiger so schwer zu verstehen ist.

Doch Bergsteigen kann auch sehr extrem sein.

Mit der Erinnerung an einen leichten, problemlos zu besteigenden Dreitausender steigen wir Jahrzehnte nach meinem ersten Kesch-Erlebnis wieder auf den Gipfel. Die Aussicht ist unermesslich eindrucksvoll, und beschwingt steigen wir über die leichten Gipfelfelsen zu den ersten Schneefeldern des Porchabella-Gletschers ab. Nur noch etwas über den Schnee rutschen und schon sind wir beim kühlen Bier in der Hütte. Ich springe voraus über den hier fast flachen Gletscher, der Kamerad folgt hintendrein. Das Seil bleibt im Rucksack.

Da plötzlich rutscht er aus; ich lache, denke an den nassen Hosenboden, den er kriegen wird, blicke zurück – erstarre: Nur noch Kopf und Oberkörper des Freundes ragen aus dem Schnee, mit den Armen sucht er krampfhaft rudernd Halt auf der glattpolierten Oberfläche, krallt die Finger in den harten Schnee; der Hilferuf steckt ihm im Hals. Eine Gletscherspalte! Eiskalt schüttelt mich der Schreck, zu abrupt, zu überraschend kommt der Wechsel von der schier grenzenlosen Freude zum tödlichen Ernst. Die Schrecksekunde dauert Ewigkeiten. Ist jetzt alles vorbei? Könnte man die Zeit nicht noch einmal zurückdrehen, nur einige Minuten? Muss ich allein nach Hause zurückkehren, ohne den Freund?

Nein! Wir wollen leben! «Vorsichtig bewegen», rufe ich ihm zu, «du bist schon am Spaltenrand!» Ich halte den Atem an, während der Kamerad Zentimeter um Zentimeter auf die sichere Eisoberfläche robbt. Seine Beine kommen zum Vorschein, dann die Schuhe. Unendlich langsam geht alles, unendlich langsam fällt die Erstarrung von mir ab. Ich bin froh, die schrecklichen Vorstellungen von vorhin nicht zu Ende denken zu müssen.

«Kein Berg ist das Leben wert», sagte der italienische Alpinist Walter Bonatti, der seine Karriere, eine der glanzvollsten überhaupt, auf dem Höhepunkt beendet hat. Ich verstehe ihn, und doch ...

Alpenclub-Hütten haben so etwas Besonderes an sich; mit der Zeit werden sie zu einem Teil des Berges.

Gewitterwolken vereinigen sich mit dem Gneis des Gebirges, bald werden sich die Schleusen des Himmels öffnen!

Blankgefegter Sommerhimmel am anderen Morgen; was will der Bergsteiger mehr? Und die Schritte werden leicht.

Ein Fragespiel: Welche Wesen und Formen sind hier zu erkennen?

Der Sinn des Aufstiegs? Wer würde hier noch fragen!

Pizzo Galleggione

Das Val Madris dürfte in letzter Zeit vermehrt Besuch erhalten haben. Seit die Kraftwerkpläne für das Hochtal bekannt sind, zieht es viele Menschen hier hinauf. Eine Mauer ist zwar schon da; sie stützt das Ausgleichsbecken Madris. Und auch die Hütten der Alp Preda und Sovrana, so schön sie sich in die Landschaft fügen, ja diese eigentlich erst zu einer für uns «verständlichen» Kulturlandschaft machen, stehen im Tal. Erst durch diese Durchdringung von Kultur und Natur wurde unsere Bergwelt so schön; oder nicht? Wo der Bauer die steilen Hänge nicht mehr mäht, beginnt die Natur mit ihrem Rückeroberungswerk. Und damit hat die Zivilisation dann ihre Mühe.

Geplant ist hier allerdings ein See, der rund 100 Mio. Kubikmeter Wasser fassen soll mit einem Erddamm von 162 Metern Höhe. Auf diesem Damm könnten dann dereinst sogar die Kühe weiden. Die Alpwirtschaft, traditionelle Lebensweise im Alpenraum wird also nicht aus dem hintersten Madris verschwinden müssen. Ein gewichtiges Detail in der Diskussion...

Heute fallen erst die an beiden Talseiten angebrachten Tücher auf. Sie markieren die Krone des geplanten Dammes, eben in 162 Metern Höhe. Bis zu dieser Höhe müssen wir dannzumal die Welt vergessen, begraben unter den Wassermassen, denke ich mir, während ich von der Preda gegen den Talhintergrund schreite. Es ist schwierig, sich das vorzustellen.

Man kommt gut voran, auf dem kiesigen Alpweg in der topfebenen Alp. Die Morgenkälte hockt noch hier unten während die Sonne eben die obersten Bergspitzen erreicht. Wohlig warm wird es dort oben sein, denke ich. Gegen die Kälte hilft nur kräftiges Ausschreiten. Es riecht nach taunassem Heidekraut und frischem Kuhmist. In der Höhe ist die Sonne im Begriff, die Oberhand über graue Regenwolken zu gewinnen. Immer dünner und durchsichtiger werden die Wolken; dünn bis zum Dunst. Ich erreiche den hintersten Teil des Ausgleichsbeckens, als sich die letzten Wolkenreste wie ein schmutziges Halsband um den Galleggione legen.

Glockengebimmel und Geschnaube klingt aus dem Kuhstall von Preda. Der Bub schleppt Eimer um Eimer voll weissschäumender Milch in die Hütte. Er mustert mich kurz mit zusammengekniffenen Augen – und macht weiter. Der Wanderweg führt hier quasi mitten durch die gute Stube der Alpbewohner.

«Pflanzenschutzgebiet. Absolutes Pflückverbot». steht auf einer bunten Tafel mit farbigen Blumen-Fotografien, die an die Hauswand genagelt ist. Ich blicke hinter mich talauswärts und denke an den Stausee. Das Wollgras am Bachufer wiegt seine grauen Häupter würdig im leichten Morgenwind.

Nach den Hütten beginnt der Weg zu steigen. Grosse Steinplatten markieren die Wegtritte im hohen Gras. Der flechtenbewachsene Granit ist noch feucht vom nächtlichen Regen und ich muss aufpassen, dass ich nicht darauf ausrutsche. Feuchtes Gras klitscht mir um die Beine und in Kürze triefen die Hosen vor Nässe.

Durch das Val da Roda fluten grelle Sonnenstrahlen. Sie brennen mir die grüblerischen Gedanken aus dem Hirn und zwingen den Blick auf den Boden. Feuchtwarmes Dschungelklima treibt mir den Schweiss aus den Poren. Ich trample für einen Moment orientierungslos zwischen grossen Steinquadern und meterhohen Alpenrosenstauden umher. Dicht und üppig wächst hier alles, ein alpiner Garten Eden auf 2200 Metern über Meer. Ich kenne die wenigsten der unzähligen Blumen, die hier blühen; da müsste schon ein gewiegter Botaniker her. Doch freuen kann ich mich auch ohne lateinische Namen.

Bei der Abzweigung ins Val da Prasignola steht ein Wegweiser. Eine Tafel weist hinauf zum Prasignola-Pass und zum Galleggione, meinem Ziel, und eine andere markiert den Uebergang nach Soglio und ins Bergell. Eine improvisierte Brücke überquert an dieser Stelle den tosenden Bach.

Ich werfe mir den Rucksack wieder über die Schultern. Der ausgekühlte Stoff des nassgeschwitzten Rückens lässt mich schauern, während ich mit langsamen Schritten die ersten steilen Meter in Angriff nehme. Ich konzentriere mich auf die schmalen und engen Kehren des Bergwegs und schaue nicht weiter voraus als von einem weiss-rot-weissen Farbfleck zum nächsten – das reicht. Die übermächtig hohen und steilen Felswände weichen nun allmählich zurück und öffnen sich zum weiten, trockenen Geröllkessel des oberen Val Prasignola.

Was mich wundert: Schon gut zwei Stunden bin ich unterwegs und bin noch keiner Menschenseele begegnet. Das Rauschen des Wildbaches ist dem leisen Säuseln des Windes gewichen, ab und zu krächzt eine Dohle; sonst herrscht Stille. Das Wetter hat es sich endgültig zum Besseren überlegt und ein stahlblauer Himmel spannt sich über mir. Es ist schön, so in Gedanken versunken berganzusteigen. Die Zeit vergeht wie im Flug und nur wenn ich mit dem Fuss an einen Stein auf dem Weg stosse, spüre ich den schweren Rucksack und nehme die Umgebung bewusst wahr. In solchen Momenten scheint mir der Gipfel dann doch noch weit entfernt zu sein und ich ertappe mich beim Gedanken, hier umzukehren.

Auf dem Prasignola-Pass pfeift mir ein scharfer Wind entgegen. Ein graues Wolkenmeer wabbert ennet dem Pass und brandet knapp unterhalb an die Flanken des Berges. Soll ich überhaupt noch auf den Gipfel? Mit der Aussicht wird es sowieso nichts sein. Jetzt weiss ich auch, warum mir heute niemand begegnet ist. Die Wanderer im Süden werden in der Nebelsuppe sitzen und ihre Nasen am Hüttenfenster plattdrücken. Auf den Gipfel gehen oder nicht? Was für eine Frage! Ich schultere den Sack wieder und gehe meinen Weg zu Ende.

Der Gipfel. Pizzo Galleggione oder Pizz Gallagiun, je nachdem man sich eher der Süd- oder der Nordseite verbunden fühlt. Ich breite die Karte aus und stelle fest, dass ich Chiavenna und den Comersee sehen müsste, wenn nicht dieser Nebel wäre. Aus dem Clubführer, einem schmalen Bändchen von 1921, erfahre ich allerlei Kurioses. Zum Beispiel, dass der Gipfel am 28. Oktober 1897 von der Schuljugend von Madris (8 Knaben und 3 Mädchen) in Begleitung ihres Lehrers besucht worden ist.

Der alpine Wundergarten ist im oberen Val Madris noch Wirklichkeit.

Wie ein Pfannendeckel liegt der Nebel des letzten Regens über dem Tal, doch bald wird die Sonne auch dieses Grau verbrannt haben.

Die Schafe hier sind eine Mischung aus Haus- und Wildtier, wie man sie vielerorts im Alpenraum findet. Zäune kennen sie nicht.

Erster Novemberschnee überzuckert die Berge. Wer jetzt bergwärts steigt, ist mit Sicherheit alleine unterwegs.

Piz Bernina

«Widersprechen kann ich nicht, beistimmen will ich nicht», dieser Gedanke dreht sich immer wieder in Paul Güssfeldts Kopf. Es ist der 12. August 1878 und der prominente preussische Alpinist steht mit den beiden Engadiner Bergführern Hans Grass und Johann Gross am Piz Bianco. Hinter sich den sechseinhalbstündigen Aufstieg aus dem Rosegtal über den Biancograt und vor sich die gähnende, unüberwindlich scheinende Tiefe der Berninascharte. Dahinter der Piz Bernina, 4047 Meter hoch, das Ziel des Unternehmens. Für die Bergführer Grass und Gross ist die Umkehr beschlossene Sache, die Scharte «ist nicht für Menschen bestimmt». Doch Güssfeldt löst die Spannung mit Geschick; er schweigt, wartet ab und weckt so den Ehrgeiz der beiden Führer. Hans Grass schliesslich versucht den Abstieg in die Scharte – und er gelingt. Genauso der Wiederaufstieg zum Berninagipfel. Der gesamte Biancograt bis zum höchsten Gipfel Graubündens ist somit erstiegen, eine weitere Seite im grossen Buch des Alpinismus kann umgeblättert werden. Erstbegeher Güssfeldt äusserte nach seiner Pioniertat, wohl noch unter dem Eindruck des tiefen Erlebnisses, dass eine Wiederholung seiner Route «vielleicht nie» erfolgen würde.

Der Mann hat sich getäuscht und zwar gründlich! Tausende sind dem Ruf des weissen Grates schon gefolgt, dem Ruf eine der schönsten Grattouren der Alpen überhaupt zu sein. Ich assoziiere einige unangenehme Szenen und Erlebnisse mit dem Namen Biancograt: Ich sitze inmitten hektischer Aufbruchstimmung in der Tschiervahütte, stütze den Kopf in meine Hände und lasse das Bild einer unberührten, unbegangenen schmalen Firnschneide vor mir aufsteigen, doch ein derber Stoss holt mich in die Gegenwart zurück. Ein Rucksack fällt vom oberen Lager herunter und mir um die Ohren. Im engen Durchgang zwischen den Bettreihen drängen sich die Biancograt-Anwärter. Zwanzig gleich aussehende, schwarze Innenschuhe werden verwechselt, das Malheur spürt man erst nach drei Stunden Marsch auf der Fuorcla Prievlusa, wenn die Blasen aufgehen. Doch dann stecken die Innenschuhe in Aussenschuhen verschiedenster Farben.

Worin besteht die Faszination «Biancograt», denke ich heute, nachdem ich die Route dreimal begangen habe, das letzte Mal allerdings vor fünf Jahren. Worin besteht die Faszination, die jedes Jahr Hunderte dazu bringt, sich mit Unannehmlichkeiten zuhauf und Schwierigkeiten aller Art herumzuschlagen, bis es dann soweit ist und sie am Fuss der legendären, vielgepriesenen

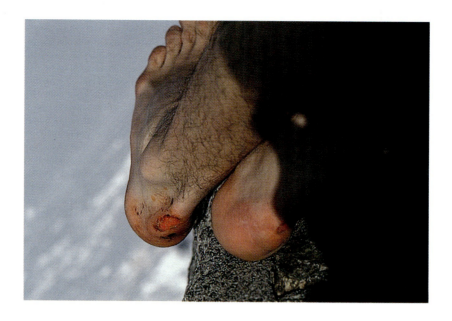

Firnschneide stehen. Und dann ist manch einer schon derart «auf dem Hund», dass er das, weshalb er eigentlich von Tokio oder Stuttgart angereist ist, weswegen er sich in die Tschierva-Hütte und anderntags über steinschlaggefährdete Eisflanken in die Fuorcla Prievlusa hinaufgequält hat, gar nicht mehr geniessen kann; der Traumgrat wird dann zum Alptraumgrat.

Die Berninaberge sind Graubündens Hochgebirge; hier sind die höchsten Gipfel und die grössten Gletscher. Aber, es sind auch die überfülltesten Hütten und die am meisten bevölkerten Grate. Irgendwann einmal fühlte ich mich dort zu eingeengt, bekam zu wenig Bergluft, sah zu wenig Bergnatur, hatte zuwenig freie Berge für mich. Das war nicht immer so. Auch wir sind schon in der Kolonne mitgerannt, haben uns in der Hütte mit den Ellbogen Platz geschafft und sind den anderen im Fels auf die Seile getreten, bloss um wieder einige Minuten eher oben zu sein. Denn der Biancograt «zählt» etwas in Alpinistenkreisen. Und noch mehr bei Nicht-Bergsteigern. Du musst also gewisse Touren einfach gemacht haben, damit du überhaupt als Bergsteiger für voll genommen wirst. Es ist das Denken der Leistungsgesellschaft, das wir in die Berge tragen. Wir würden es besser untenlassen!

Heute bin ich stolz, dass ich die Frage «Haben Sie die Eiger-Nordwand gemacht?» mit «Nein» beantworten kann.

Man verstehe mich nicht falsch: Der Biancograt ist eine eindrückliche, schöne Tour. Doch wenn ich mich so erinnere, fallen mir für dessen Beschreibung eher sachliche Worte ein, Worte die ich zudem in einem der Dutzenden von Büchern über das Engadin und seine Berge schon gelesen habe; ausflippen kann ich deswegen nicht. Hier bin ich und kann nicht anders: Der Biancograt ist für mich eine Tour wie jede andere, nein, es gibt sogar noch Schönere.

Unbarmherzig grell und schwer drückt die Sonne auf den Schnee und lässt ihn faulen, . . .

... während erste Nebelschwaden Überentwicklung signalisieren, Zeichen für den Bergsteiger, trotz schwerer Beine den Zeitplan einzuhalten.

Bergsteigen ist wie das Leben eine Gratwanderung, deren Ausgang wir beeinflussen, aber nie ganz genau bestimmen können.

Nachmittag. Manchmal wissen wir nicht, ob wir schon halb in eine Gletscherspalte eingebrochen sind, oder nur im weichen Schnee versinken.

Das Gewitter hat sich verzogen, der Nordwind hat den Himmel blankgefegt. Ein Blick zurück, während das Herz vom raschen Abstieg pumpt.

Der Berg verändert noch einige Male seinen Farbton und vereinigt sich dann mit der Nacht.

Dann stehen wir Gott sei Dank vor der schützenden Hütte und finden den Moment schön, in der sich die kalte Nacht übers Gebirge senkt.

Piz Palü

Bleischwer lasten graue Wolken über dem Oberengadin, es riecht nach Regen. Wir rühren in den Kaffeetassen, als ob sich dadurch die Wolken vertreiben lassen würden. Lieber wäre uns zwar, dass der Regen bald mit Heftigkeit einsetzt. Wir sind uns einig: Heute nur eine kleine Tour, das andauernde Schönwetter der vergangenen Wochen hat seine Spuren hinterlassen. Doch heute ist alles ein bisschen anders. Wir stecken im grünen Gewand und der Hauptmann hat das Sagen. Er sagt: «Wir gehen auf den Piz Palü.»

Galgenfrist dann noch auf der Diavolezza. Wir versuchen zu diskutieren, Zeit zu schinden. Wir deuten auf den verhangenen Himmel, auf die Gletscherspalten und finden alles zu gefährlich. Wieder rühren wir im Kaffee, wir haben keine Argumente mehr, nur noch eine Wut im Bauch. Denn der Hauptmann bleibt hart.

Murrend und leise fluchend montieren wir die Felle auf dem flachen Persgletscher. Wir haben uns dem Befehl gebeugt, aber innerlich sind wir noch immer dagegen. Wir sind müde von den Anstrengungen der vergangenen Tage und hätten heute lieber eine ruhige Kugel geschoben. Muss denn das sein heute? fragen wir uns. Angeseilt in zwei Seilschaften marschieren wir los. Bleischwer die Beine, im Körper kaum genug Energie, um die Skis nach vorne zu schieben. Und den letzten Rest an Energie blockiert der randalierende Kopf: «So ein Mist, so ein Mist.» Schlechte Voraussetzungen für den Aufstieg auf den Piz Palü...

Ein Ruck geht durch die Kolonne, sie stoppt. Der Letzte hat sein Steigfell verloren, jeder ist froh. Pause. Anhalten, die Körper ruhen lassen, an etwas anderes denken. Unten in der Beiz sitzen oder auf dem Lager liegen. Nicht bewegen, ganz flach atmen. Weiter. Leere im Kopf und Gewichte an den Beinen. Einen Ski vor den anderen schieben. Wieder ein Halt. Eine Gletscherspalte muss überquert werden. Das Seil strafft sich, Herzklopfen, einige hastige Schritte, ein scheuer, kurzer Blick ins unendliche Schwarz der Tiefe, erneut anhalten. Atempause. Den Kopf heben zum Himmel, wo es heller und heller wird. Ich schaue nach vorn und begegne einem anderen Augenpaar: Es lächelt, eine Hand zeigt

nach oben, ich nicke. Weitermarschieren, Schritt um Schritt. Schon etwas beschwingter jetzt.

An den Cambrena-Eisbrüchen holen wir eine Dreierseilschaft ein. Über eine Steilstufe müssen die Skis getragen werden; die Stelle ist nur einzeln zu begehen. Stockung. Doch plötzlich sind wir nicht mehr zu bremsen. Hinaufrennen, nicht mehr auf den keuchenden Atem achten. Oben in die Bindung springen und weiter. Leicht, leicht sind auf einmal die Beine, und der Gipfel, der noch vor weniger als drei Stunden unerreichbar fern schien, ist schon in greifbare Nähe gerückt. Die warme Märzsonne, die jetzt durch die Wolken scheint, hat uns die trübseligen Gedanken aus dem Hirn gebrannt. Der Piz Palü ist jetzt unser Ziel.

Jetzt kann uns nichts mehr aufhalten, im Gegenteil. Die mächtige Gletscherspalte, die den Skiaufstieg völlig verhindert und die ohne schlechtes Gewissen ein ausreichender Grund für eine Umkehr wäre, hält uns keine Sekunde auf. Wir queren hinüber zum Ostgrat, schnallen die Steigeisen an und klettern über Felsen und Eiswändchen hinauf zum Gipfel. Kein Lüftchen weht, die Sonne scheint und wir stehen am höchsten Punkt – die totale Idylle.

Wir haben den Einklang mit unserem Innern wieder gefunden. Und wir haben etwas für die Zukunft gelernt: Man soll über den Tag nicht vor dem Abend schimpfen. Vor allem nicht in den Bergen.

Berg und Mensch, Mensch und Berg. «Wesentlich ist, was wir in den Bergen zu empfinden vermögen», sagte einst ein berühmter Bergsteiger.

Und die Fortsetzung lautet: «Für den, der den Bergen nicht seine Seele einzuhauchen fähig ist, sind sie nichts weiter als ein Haufen lebloser Steine.»

Die strenge Geometrie des Dreiecks beherrscht alle Formen am Piz Palü. So gekonnt geplant und ausgeführt, wie es nur ein Baumeister kann: Die Natur.

Und jener Mensch, der die Zeichen der Natur zu verstehen weiss, dem wird es keine Mühe bereiten, ihnen zu folgen.

Und immer ist alles symbolisch: Zuoberst am Gipfel, wo alle Linien zusammenlaufen, treffen sich Wunsch und Wirklichkeit mit dem unbeschreibbaren Glück.

Gemelli

Noch ist die Nacht schwarz wie ein Kohlepott, aber Karl hat bereits etwas am neuen Tag auszusetzen. «Es ist zu warm», stöhnt er unter seinem schweren Rucksack hervor und das Lichtlein seiner Stirnlampe schwenkt zu mir zurück. «Wenn man in diesem Tempo mit solchen Säcken bergauf rennt, muss man ins Schwitzen kommen», entgegne ich und stolpere geblendet über eine Wurzel.

Vor und hinter uns flackern andere Stirnlampen-Lichtlein durch das Dunkel, wie Glühwürmchen sind sie anzusehen. Allmählich verteilen sich die Lichter in verschiedene Richtungen: Punta Sant' Anna, Badile-Westwand, Nordkante, Nordostwand. Dort, wo sich der Viale durch einen steilen Felsabbruch an den Fuss des Cengalogletschers hinabwindet, werfen wir unsere Rucksäcke zum ersten Mal zu Boden und strecken die malträtierten Rücken. Hanspeter kratzt sich am Kopf. Im Osten, hinter den Sciora-Nadeln kündet giftiges Rosa den Morgen an. «Morgenrot macht Bergsteiger tot», kommentiert Karl skeptisch und kramt den Höhenmesser aus der Tasche. «Was habe ich gesagt, der Luftdruck ist gefallen», untermalt er seine Gefühle mit den Zahlen der Anzeige. «Steigen wir doch noch zum Einstieg hoch, dort können wir noch immer umkehren», versuche ich zu retten, was noch zu retten ist.

Im Gletscherbauch tost und krost es. Es ist tatsächlich ungewöhnlich warm, da gibt es nichts zu deuteln. Trotz der frühen Morgenstunde holpern bereits die ersten Steine über die Gletscherzunge hinab. Einer trifft den Rucksack auf dem Karl sitzt, die Steigeisen auf die Kletterfinken schnallend. «Schaut einmal die Schlieren am Himmel an, das sind eindeutig Schlechtwetterzeichen», verkündet er mittlerweile schon so prophetisch, dass keiner mehr widersprechen mag. Ein Wettersturz im Cengalopfeiler ist tatsächlich keine angenehme Vorstellung. Ich bohre mit der Pickelspitze im morschen Gletschereis, als ob dort die Zukunft abzulesen wäre.

Ich deute in die Badile-Nordostwand, wo die ersten Kletterer bereits übers zweite Cassinbiwak hinausgekommen sind: «Aber alle anderen sind eingestiegen», nehme ich einen weiteren Anlauf, denn mit den ersten Sonnenstrahlen, die jetzt die Gipfel erreichen, erwacht in mir erneut die Motivation. Jetzt, wo wir soweit aufgestiegen sind, regt sich mein Widerstand wieder stärker gegen den Rückzug. Doch Karl hat auch dagegen ein Argument: «Die werden noch zu kämpfen haben, im Schneesturm dort oben; in solchen Fällen wird die Badilewand zur Hölle», meint er düster.

So sitzen wir ratsuchend zu dritt auf einem Stein, der wie eine Insel aus dem schmutziggrauen Eis herausragt und zweifeln schwankend hin und her. Inzwischen hat die Sonne das Couloir erreicht. Da donnern die ersten grossen Brocken herab. Fluchtartig müssen wir unseren exponierten Standort verlassen. Ueber uns wölbt sich kitschig-blau und wolkenlos der Bergeller-Sommerhimmel. Doch für den Cengalopfeiler ist es zu spät.

«Klettern wir die Gemelli-Kante», schlägt Karl vor. «Ja, klettern wir die Gemelli-Kante», stimmt Hanspeter zu, der sich bisher zurückgehalten hatte. Also klettern wir die Gemelli-Kante. Bergsteiger-Demokratie.

Irgendwie erinnern mich die Steindächer von Soglio an den Gletscherabbruch unter der Gemellikante. Vielleicht weil Gegensätzliches sich anzieht?

Was ist denn gemeinsam? Nichts, oder doch: Dort Schutz und Obdach, hier feuchtkaltes Eis. Die Gemeinsamkeit? Ach ja, beides sind Horte von Demokratie.

«Wolkenspiel auf dem Cengalogletscher» heisst das Schauspiel. Meisterhaft verfasst und inszeniert, Regie geführt und beleuchtet hat: Die Natur.

Verwachsen mit dem Fels sind wir beim Klettern, und die Gedanken sind frei für die Überraschungen der nächsten zwei, drei Meter.

In der Zufriedenheit über die gelungene Tour verschmilzt der Freund zusammen mit Berg, Biwakschachtel und Rucksack zu einer Einheit.

Piz Badile

«Stand!»

Der Ruf fällt über die soeben gekletterte Seillänge hinab, hallt hinüber zum Plattenpanzer des Cengalo-Nordostpfeilers, bricht sich mehrfach in der wilden Fels-Eis-Arena des Cengalo-Couloirs und verliert sich schliesslich irgendwo dazwischen. Ich ziehe das Seil mit langsamen Bewegungen ein, die Unterarme schmerzen noch von den Anstrengungen der vorangegangenen Seillänge. Sechzehn Karabiner klimpern jedesmal gegen die Felswand wenn ich ziehe, hemmen sechzehnmal einen reibungslosen Fluss der Seile, beanspruchen die Arme noch mehr.

Jetzt sind die Seile straff. In die Sicherungsbremse einhängen, mit den Standhaken verbinden, fertig. Ich blicke den beiden Nylonsträngen, – violett-rote Verbindung zwischen zwei Menschen – nach in die Tiefe, wo Andreas seine Selbstsicherung löst. Ein fragender Blick nach oben, ein aufmunterndes Nicken nach unten, dann lockern sich die Seile. Andreas klettert.

Piz Badile-Ostwand, Engländerweg. Worauf haben wir uns da eingelassen? Hier, jetzt in der Wand sieht alles so anders aus, als in unseren Gesprächen, die sich um diese Route gedreht hatten, seit wir in einer Zeitschrift Ruedi Hombergers Schilderung der Zweitbegehung dieser Tour lasen. Aufgrund des Berichts hatte die Sache machbar ausgesehen, jetzt ist nichts mehr sicher, nur noch lauter Fragen. Engländerweg. Das ist dort, wo die Badilewand sich noch einmal aufsteilt. Eine senkrechte, glatte Platte, horizontal nur von wenigen, winzigkleinen Bändern gegliedert und in der Vertikalen von einer einzigen, riesenhaften Rissverschneidung durchtrennt, die den Berg spaltet, als hätte ein Riese sein Beil hier in die Wand geschmettert. Die Route war durch Zufall entdeckt worden, indem die Engländer Mike Kosterlitz und Don Isherwood 1968 eine andere Route hatten begehen wollen, diese aber verfehlten und in der Verschneidung weiterkletterten, über das Abschlussdach hinaus auf den Gipfel...

«Zug!»

Andreas' Ruf reisst mich in die Gegenwart zurück. Ich blicke hinab und sehe ihn, eine Hand in einem Felsloch verklemmt, mit der anderen einen Friend aus dem Riss fischend, einen Fuss bis zur Schmerzgrenze verdreht im Spalt verkeilt, mit dem anderen auf dem aalglatten Granit scharrend Halt suchend. Ich ziehe das Seil straff und ernte von unten einen dankbaren Blick; ein wenig Seilzug im richtigen Moment ist viel in dieser Wand. Andreas flucht über den Friend, diesen neumodischen Klemm-Apparat, der sich jeder Rissbreite automatisch anpasst und der so leicht zu setzen, aber so schwierig zu entfernen ist.

Feuchte Kälte kriecht mir unter die Jacke und in die dünnen Kletterfinken, das Blut zirkuliert kaum noch unter dem straff angezogenen Klettergurt, der Rucksack zieht mich nach hinten. Ich weiss, dass ich ihn abziehen und an den Standhaken hängen sollte, doch ich bin zu träge dazu. Ausserdem fürchte ich, dass er mir entgleiten könnte – Biwakausrüstung ade! Nein, dann leide

ich lieber noch ein bisschen. Rundherum nichts als lebensfeindliche Natur, Plattenfluchten, Pfeiler und eisgefüllte Rinnen, feiner Granitstaub in den Ritzen, die Hände sind geschunden und schmerzen. Ich schaue hinab, schaudere und staune, dass ich überhaupt bis hierher gekommen bin ohne mit jedem Meter an die Grenzen meiner Fähigkeiten zu gelangen. Ich blicke nach oben und vermute die Grenzen da oben zu erkennen, wo der Faustriss fingerschmal wird und sich im ungegliederten Graugrün des Granits verliert.

Ein Stein poltert irgendwo in die Tiefe. Im Blankeis des Cengalocouloirs zwischen Badile und Cengalo hängen zwei buntgetupfte Flöhe, wie wir verbunden durch ein Seil. Unendlich langsam bewegt sich der Seilerste höher, jeden Schlag mit dem Eishammer in Zeitlupe führend. Dumpfer Donner dröhnt. Grosse Felsblöcke poltern über die Felsen, federn tiefe Löcher schlagend, rasend schnell in weiten Sprüngen übers Eis. Da zerschneidet ein Schrei die Stille. Der obere Farbtupfer macht einige hastige Bewegungen zur Seite, der untere krümmelt sich klitzeklein zusammen in seiner Einbuchtung – schon donnert die steinige Lawine heran.

Doch beide haben Glück, die tödliche Ladung ist vorbeigerast. Ein Aufatmen geht durch den ganzen Kessel, die Erleichterung ist für alle körperlich spürbar. Im Couloir beginnen sie mit dem Rückzug, seilen Seillänge um Seillänge ab. Sie sind zu spät dran, für diese Route, denn immer neue Steinladungen kommen von oben, wo die Sonne mittlerweile mit voller Kraft in die Schneefelder des Gipfels brennt und die festgefrorenen Felsblöcke löst. «Dass man da überhaupt hinaufklettern will», denke ich! Drei Wochen später lese ich in der Zeitung, dass ein Bergsteiger im Cengalo-Couloir von Steinschlag tödlich getroffen wurde.

Andreas hat meinen Standplatz erreicht. Dicht aneinandergedrängt stehen wir auf dem schmalen Bändchen, hängen in der Selbstsicherung und blicken nach oben. Gerade die Fussspitzen haben Platz auf dem Band, es ist mehr ein Hängen, als ein Stehen. Das Herz droht uns in die Hosen zu fallen: Senkrechte ohne Ende, teils eisverkrustet, teils wasserüberronnen. Haken, diese eisernen Hilfsmittel, die uns hier Kraft und Moral gegeben hätten, sind keine zu sehen, wir trafen überhaupt nur zwei oder drei an, bisher. Nur die Kraft unserer Arme und Beine und das, was wir am Klettergurt tragen, hilft uns weiter.

Doch zuerst muss die Angst überwunden werden. Die Angst, die sich langsam in dich einschleicht, die die Unsicherheit nährt und die die bevorstehenden Schwierigkeiten ins Unermessliche und Unüberwindbare wachsen lässt. Himalayagross türmt sich deine eigene Unzulänglichkeit vor dir auf und die Tiefe wird bodenlos. Allein der Gedanke, mich vom Standhaken zu lösen, die Hände im Riss zu verklemmen und das sichere Bändchen zu verlassen, lähmt mich total.

Wieder das bekannte Krachen und Knirschen, diesmal über uns. Zwanzig Meter höher zappelt Chico im Riss, der an dieser Stelle etwas breiter ist. Die Sohlen seiner Schuhe finden keinen Halt, auf Eis haftet auch die beste Gummisohle nicht. Chico windet und dreht sich, bricht die Eiszapfen ab, die der Nachtfrost an den Rand des Risses geklebt hat und die nun klirrend ihren Weg in die Tiefe nehmen, ab und zu wie Schneesterne im Sonnenlicht aufblitzend. Wir blicken ihnen nach, bis sie auf dem schmutzigen Firn des Couloirs aus unserem Gesichtsfeld fallen. Wir schauen nach oben und staunen, wie Fritz die Stelle gemeistert hat und wir ahnen, dass er es wohl sein wird, der uns aus der Wand führen wird.

«Fritz ziehen!»

Die zwei Kletterer gegenüber am Cengalopfeiler haben bereits zwei Drittel der Wand hinter sich. In leichtem Gelände gewinnen sie rasch an Höhe. Sie werden noch heute den Gipfel erreichen, absteigen und die Nacht bereits wieder in ihren warmen Betten zuhause verbringen. Dieser Gedanke verstärkt noch unsere Einsamkeit. Für uns ist alles unsicher. Wann wird uns die Riesenwand entlassen? Müssen wir, wie schon die Engländer, stehend in Trittschlingen biwakieren oder uns wie die Zweitbegeher ein abschüssiges Plätzchen teilen? Oder sogar schlussendlich über die ganze Wand wieder abseilen? Fragen, die auch noch so drängende Blicke nach oben nicht beantworten; oben, da sieht es immer gleich aus. Von den Kameraden sehen wir nur die Fusssohlen und die Böden der Rucksäcke und die geben keine Auskunft.

Es ist Mittag. Wenigstens scheinen Sonnenstrahlen für einen kurzen Augenblick die Wand etwas zugänglicher zu machen. Sie wärmen uns den frierenden Buckel und die zerschundenen Finger. Andreas reicht mir bündelweise Karabiner, Schlingen, Klemmkeile und Friends, bald bin ich beladen wie ein Güterwagen. Ich trete nervös von einem Bein auf das andere, versuche den Moment, wo ich mich vom Standhaken lösen muss, hinauszuzögern. Das umgehängte Eisen klirrt leise, ein Eisstück saust vorbei, schreckt mich aus den Gedanken auf und jagt mir blanke Angst in die Knochen. Ein fragender Blick nach oben – und ich verschmähe das Seil nicht, das mir Fritz für die folgende brutale Stelle herablässt.

Auch er ist ein Kletterer, aber er kennt seine Grenzen genau ...

Schaudernd fällt der Blick in die senkrechten Flanken und Rinnen.

Und doch ist es erstaunlich, wo hinauf der menschliche Wille den Körper zu bringen vermag.

Der Blick des Kameraden ist skeptisch. Wie lange noch? Wie weit? Und wie schwierig?

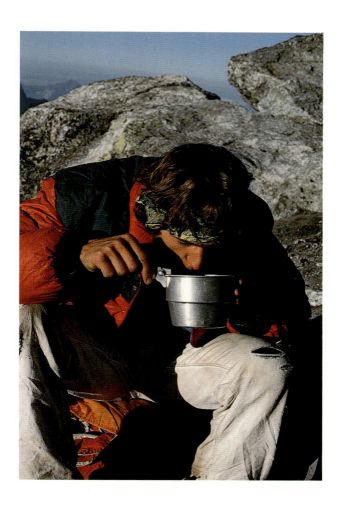

Schmeckt uns garantiert besser als Champagner: Der erste Schluck Kaffee nach kalter Biwaknacht.

Abseilen über die Nordkante; es winkt als Belohnung eine Nacht im Schutz der Hütte.

Forno

Ich liebe den November. Im Gegensatz zur landläufigen Vorstellung von nasskaltem und windigem Wetter habe ich viele Novembertage als goldene Tage in Erinnerung.

Zentimeterdick sind die Gumpen auf dem Hüttenweg zur Fornohütte zugefroren. Der Rauhreif hat bizarre Gebilde an die Aeste geklebt. Noch immer nadelt mich die Kälte an den Beinen und verursacht Hühnerhaut, seit ich vor einigen Minuten beim Auto die Hosen gewechselt habe. Die Lärchen leuchten. Die Stille ist total. Keine Welle kreuselt den Cavlocciasee und ich knipse das Postkartenidyll des doppelten Monte del Forno. Am Ufer stehen Schilfstengel, unbeweglich, konserviert unter einer Schale durchsichtigen Eises.

Kein Bach führt mehr Wasser um diese Zeit. Die absolute, unvorstellbare Stille ist beinahe unerträglich. Am Fuss des Monte del Forno wendet sich das Tal nach rechts. Der Weg, bunt markiert mit rot-weiss-roten Farbklecksen, schlängelt sich zwischen den haushohen Granitblöcken hindurch, die der Gletscher hier bei seinem Rückzug liegen liess. Allmählich, mit jedem Schritt ein bisschen mehr, öffnet sich der Talkessel und gibt die Sicht frei auf frisch verschneite Berge. Der Vorhang geht auf für das grosse Schauspiel «Natur», das an solchen Tagen hier hinten Aufführung hat für den der's versteht.

Wie eine Ameise irre ich zwischen den Steinen hin und her, auf und ab. Fauler Neuschnee liegt auf der flachen Gletscherzunge. Einmal sinke ich ein bis zum Knie und erschrecke: Eine Gletscherspalte? Nein, zum Glück nur eine Mulde, aufgefüllt mit Triebschnee. Etwas riskiert ist es wohl schon, allein über den Fornogletscher zu wandern, denke ich so beiläufig.

Mit geschlossenen Fensterläden steht die Fornohütte an der Moräne. Sie hat sich bereits ins unvermeidliche Schicksal all jener ergeben, die hier oben während des ganzen Jahres ausharren müssen: Warten. Winterschlaf. Jetzt weckt zwar eine warme Novembersonne noch einmal die Lebensgeister. Im Dachtrauf

plätschert und gurgelt es und das symmetrische Muster der Granitplatten auf dem Vorplatz schmilzt sich unter der Schneedecke hervor. Ich wische etwas flaumiges Weiss von der Sitzbank, lehne mich an die besonnte Hüttenwand und schliesse die Augen.

Nach ausgedehnter Rast erst verlasse ich die Hütte und stapfe in meinen Spuren durch tiefen Schnee wieder hinab zum Gletscher. Die Ruhe auf dem verlassenen Vorplatz hat das Gefühl der Einsamkeit noch verstärkt. Wie belebt, geschäftig, ja sogar lärmig sind doch solche Hüttenvorplätze gewöhnlich. Schuhe werden zum Trocknen ausgelegt, Socken wehen im Wind, Bierflaschen werden gierig gekippt und einer sucht seine Steigeisen. Heute aber ist Ruhe; alles erwartet den Mantel des Winters. Ein wundervoller Tag.

Ganz in Gedanken versunken taste ich mich vorsichtig in meiner Spur zurück über den Gletscher. Ich muss aufpassen, dass ich auf den Blankeisstellen unter dem Schnee nicht ausrutsche. So zucke ich zusammen, als mir plötzlich ein anderer einsamer Wanderer gegenübersteht. Ich bin so überrascht, dass ich gar keinen Gruss hervorbringe, ein knappes Nicken nur, rasch aus der Spur gesprungen, dann ist der andere schon vorüber. «Nicht ganz ohne Risiko, so alleine über den Fornogletscher zu gehen», denke ich und drehe mich um, um dem Mann nachzublicken. Er hat offenbar dasselbe gedacht, denn auch er hat sich zu mir umgewandt. Einen Moment lang blicken wir uns in die Augen, dann geht jeder wieder in seiner Richtung weiter. November auf dem Fornogletscher.

Die Beleuchtung ist eingeschaltet . . .

. . . die Kulissen sind perfekt plaziert . . .

. . . der Vorhang kann aufgehen, zum grossen Schauspiel «Herbst auf dem Fornogletscher» . . .

... und der erste Darsteller tritt auf.

BILDREGISTER

10 Am Falknis
11 Im Aufstieg zum Falknis, Blick zum Calanda
13 Burgruine Aspermont mit den Falknistürmen
14 Im Aufstieg zum Falknis
15 Wilde Rose am Wegrand. Auf dem Fläscher Fürkli (rechts)
16 Novemberschnee am Falknis
17 Morgenstimmung mit Falknis und englischem Rasen
18 Falknis

20 Spinnennetz
21 Novembermorgen an der Schesaplana
23 Im Aufstieg
24 Westlicher Rätikon mit Glegghorn (links) und Schesaplana (rechts)
26 Lünersee
27 Wolkenstimmung gegen das Glegghorn
28 Strassburger-Hütte des Österreichischen Alpenvereins
29 Schesaplana-Gipfel

30 Abseilen am Grossen Drusenturm
31 Unter dem Klemmblock des «Burgerwegs» (Grosser Drusenturm-Südwand)
33 Sulzfluh-Gipfel
35 Drusentürme und Sulzfluh mit dem Taleinschnitt der Klus
36 Ländliche Stilleben in St. Antönien
37 Walser-Siedlungshöfe am Stelserberg
38 Scheienfluh (oben) und Rätschenfluh
39 Sulzfluh (oben) und Grosser Drusenturm mit dem Eisjöchl
40 Gipfelaufschwung der 5. Kirchlispitze (links); Abseilen vom Gipfel
41 Südwand der 5. Kirchlispitze («Haldejohli»)
42 Heuställe und Rotspitz im hintersten St. Antöniertal
43 Blick vom Gipfel des Rotspitz
44 Im Aufstieg zur Scheienfluh in der «Engi»
45 Unter dem Drusentor

46 Im Verstanklasattel
47 Unter dem Verstanklasattel
49 In der Verstanklahorn-Nordostwand
50 Silvrettagletscher mit Torwache (links) und Verstanklahorn
52 Blick vom Verstanklasattel ins Val Lavinuoz (Unterengadin)
53 Grosses Seehorn und Gross Litzner
54 Aufstieg zum Torwache-Ostgrat
55 Verstanklahorn-Nordostgrat, hinter dem Kamerad der Piz Linard
56 Vernelatal
57 Hinter der Alp Sardasca im Aufstieg zur Silvrettahütte

58 Gipfel des Piz Linard (Luftaufnahme)
59 Piz Linard von Norden
61 Schild an der Linardhütte
62 Linardhütte des Schweizer Alpen-Clubs
63 Abend in der Hütte
64 Im Aufstieg zum Piz Linard
65 Am Wandfuss
66 Piz Linard von Süden
67 Westwand (Luftaufnahme)

68   Calandahütte des Schweizer Alpen-Clubs
69   Der Rhein bei Mastrils und der Calanda
71   Gleitschirmflug gegen Calanda-Nordseite

72   Calanda vom Drusenfluh-Gipfel aus (oben) und vom Piz Alun
73   Calanda vom Aufstieg zum Ringelspitz aus (oben) und aus dem Taminatal
74   Calanda-Hütte des Schweizer Alpen-Clubs
76   Calanda von Pfäfers aus (oben) und von Chur her gesehen
77   Calanda von Vättis (oben) und von Malans aus betrachtet

78   Auslegen des Gleitschirms an der Ringelspitz-Südseite
79   Gipfelaufbau des Ringelspitz von Süden
81   Der Wind stimmt!
82   Unterhalb der Ringelspitzhütte
83   Oberhalb der Ringelspitzhütte
84   Auf dem Taminsergletscher
85   Panärahörner
86   Startvorbereitungen oberhalb des Taminsergletschers
87   Flug

88   Eisbrüche auf dem Bifertenfirn
89   Bifertenfirn
91   Eisbrüche des Bifertenfirns
92   Blick zum Oberalpstock
93   Alphütten im Aufstieg zur Posta Biala
94   Bifertenstock
95   Abfahrt im Val Russein
96   Tödimassiv vom Aroser Weisshorn (Teleaufnahme)

98   Das oberste Val Lumnezia (Luftaufnahme)
99   Piz Terri (Luftaufnahme)
101 Pater Placidus a Spescha (historische Zeichnung)
102 Im Aufstieg zur Terri-Hütte des Schweizer Alpen-Clubs
103 Plaun la Greina
104 Wanderweg auf der Greina-Hochebene
105 Greina-Hochebene
106 Alpe Motterascio und die Berge des Nordtessins (Luftaufnahme)
108 Piz Terri und Rheinwaldhorn (links / Luftaufnahme)
109 Piz Terri

110 Rheinwaldhorn (Luftaufnahme)
111 Lampertschalp und Läntatal (Luftaufnahme)
113 Aufstieg zum Rheinwaldhorn
114 Rheinwaldhorn und Läntatal
115 Läntagletscher
116 Rheinwaldhorn von der Läntahütte aus (Teleaufnahme)
118 Zervreilahorn
119 Am hintersten Ende des Stausees Zervreila
120 Gipfelkalotte des Rheinwaldhorns

122 Kletterer am Gipfel der Keschnadel
123 Jörisee, Jörigletscher, Flüela Weiss- und Schwarzhorn (von unten nach oben) und Piz Kesch (Luftaufnahme)
125 Gletscherbruch
126 Kesch-Hütte des Schweizer Alpen-Clubs mit Piz Kesch
127 Gewitterstimmung am Piz Kesch
128 Auf dem Porchabella-Gletscher
129 Felszähne an der Porta d'Es-cha
130 Unter dem Gipfelaufschwung des Piz Kesch

132 Ausgleichsbecken im Val Madris mit Alp Preda (Luftaufnahme)
133 Pizzo Galleggione (Luftaufnahme)

134 Wollgras im Val Madris
137 Feuerlilie (links) und Türkenbund (oben), Edelweiss (links) und Süssklee (unten)
138 Pizzun
139 Schafe im Aufstieg zum Tscheischhorn
140 Pizzo Galleggione (links)

142 Piz Bernina mit Biancograt (rechts)
143 Am ersten Aufschwung des Biancograts
145 Bergsteigerfüsse
146 Bellavista-Gipfel
147 Crast'Agüzza (Luftaufnahme)
148 Fortezzagrat (Skiaufstieg zum Piz Bernina)
149 Crast'Agüzza (Abstieg vom Piz Bernina)
150 Bellavista
151 Sella-Gruppe
152 Abend vor der Hütte
153 Piz Bernina mit Biancograt (links)

154 Einstieg zum westlichen Nordwandpfeiler am Piz Palü (Spinaspfeiler)
155 Im unteren Teil des Spinaspfeilers
157 Kartenstudium
158 Piz Palü-Nordwand
159 Abend am Piz Palü
160 Cambrena-Eisbrüche im Skiaufstieg zum Piz Palü
161 Wenig unter dem Ostgipfel
162 Im obersten Teil des westlichen Nordwandpfeilers
163 Spinaspfeiler – die letzten Meter zum Gipfel

164 Bondascawände im Bergell: Badile, Cengalo, Gemelli (von rechts nach links)
165 Abseilen am «Bügeleisen» (unterer Teil der Gemelli-Nordkante)
167 Abendrot über dem Piz Badile
168 Soglio, das «Postkartendorf» im Bergell
169 Bondasca-Gletscher zwischen Cengalo und Gemelli
170 Kletterei an der «Bügeleisenkante»
172 Kletterei am Bügeleisen, hinten Ago di Sciora, Punta Pioda und Fuori
173 Biwakschachtel am Gipfel des Piz Badile

174 Der «Friend», ein technisches Hilfsmittel bei Rissklettereien
175 Piz Badile mit der Nordostwand (links) und der noch steileren Ostwand dahinter
177 Unter der Badile-Ostwand
179 Steinbock
180 Blick von der Badile-Nordkante in die Nordost- und die Ostwand, dahinter das Cengalocouloir
181 In den Rissen des «Engländerwegs» (Piz Badile-Ostwand)
182 Am Standplatz
183 Morgen am Gipfel
184 Abseilen über die Nordkante
185 Sasc-Furä-Hütte des Schweizer Alpen-Clubs

186 Wegmarkierung am Weg zur Forno-Hütte des Schweizer Alpen-Clubs
187 Fornogletscher mit Torrone-Gruppe
189 Forno-Hütte
190 Lärche im Herbstkleid
191 Cavloccia-See hinter Maloja
192 Eingang zum Forno-Tal
193 Auf dem Forno-Gletscher, hinten der Pizzo Torrone Orientale

AUTOR

Peter Donatsch, geboren 1958, von Malans GR. Bergsteiger, Zeitungs- und Radiojournalist, Buchautor.
Informationsbeauftragter des Schweizer Alpen-Clubs 1986–1988.
Zahlreiche Veröffentlichungen in Zeitungen und Zeitschriften.
Seit drei Jahren vom Gleitschirm total begeistert; deshalb Gründer und Redaktionsleiter der Zeitschrift GLEITSCHIRM.
Für den Titel «Bergwärts unterwegs» hat Peter Donatsch Texte und Bilder geschaffen.